NINGUÉM É
PERFEITO

Luís Mauro Sá Martino

NINGUÉM É PERFEITO

Como deixar de lado a **ilusão** da vida perfeita, respeitar os próprios limites e tornar-se **quem você é**

1ª edição

Rio de Janeiro | 2025

IMAGENS DE MIOLO
Freepik/Freepik

CIP-BRASIL. CATALOGAÇÃO NA PUBLICAÇÃO
SINDICATO NACIONAL DOS EDITORES DE LIVROS, RJ

M34n   Martino, Luís Mauro Sá
         Ninguém é perfeito : como deixar de lado a ilusão da vida perfeita, respeitar os próprios limites e tornar-se quem você é / Luís Mauro Sá Martino. - 1. ed. - Rio de Janeiro : BestSeller, 2025.

         ISBN 978-65-5712-478-9
         1. Autoestima. 2. Autoconfiança. 3. Técnicas de autoajuda. I. Título.

25-96547   CDD: 158.1
                                 CDU: 159.923.2

Gabriela Faray Ferreira Lopes - Bibliotecária - CRB-7/6643

Texto revisado segundo o novo Acordo Ortográfico da Língua Portuguesa.

Copyright © 2025 by Luís Mauro Sá Martino
Copyright da edição © 2025 by Editora Best Seller Ltda.

Todos os direitos reservados. Proibida a reprodução,
no todo ou em parte, sem autorização prévia por escrito da editora,
sejam quais forem os meios empregados.

Direitos exclusivos de publicação em língua portuguesa para o mundo
adquiridos pela
EDITORA BEST SELLER LTDA.
Rua Argentina, 171, parte, São Cristóvão
Rio de Janeiro, RJ — 20921-380
que se reserva a propriedade literária desta obra.

Impresso no Brasil

ISBN 978-65-5712-478-9

Seja um leitor preferencial Record.
Cadastre-se no site www.record.com.br e receba informações
sobre nossos lançamentos e nossas promoções.

Atendimento e venda direta ao leitor:
sac@record.com.br

Para meus pais, Vera Lúcia (*in memoriam*) e Antonio Carlos;
para minha esposa, Anna Carolina, e nosso filho, Lucas,
por lembrarem sempre o rosto humano da vida.

A primeira coisa que conhecemos de nós mesmos é nossa imperfeição.

Simone Weil, *Aulas de filosofia*

Sumário

Apresentação   11
Introdução   17

1. Vida normal, uma ficção   27
2. Perfeição traz felicidade?   47
3. As armadilhas de uma ilusão   57
4. Breve história de uma ideia   67
5. Quem decide o que é perfeito?   81
6. Pessoas perfeitas (e como lidar com elas)   97
7. Esconder o imperfeito: vergonha e timidez   111
8. A indústria da baixa autoestima   125
9. A pressão de dentro: criando narcisistas deprimidos   141
10. Desejo, capital e perfeição: a falta na lógica do excesso   155
11. Perdas, a fragilidade da perfeição   171
12. O fantasma da vida perfeita   185

Conclusão 201
Agradecimentos 211
Notas 213
Referências 215

Apresentação

UMA ANTIGA LENDA JAPONESA CONTA QUE, MAIS OU MENOS NO século XV, um poderoso líder político — um *shogun* — chamado Ashikaga Yoshimasa, mandou que restaurassem, na China, um importante pote de porcelana, que não podia ser usado na cerimônia do chá por estar quebrado. Ao receber a peça de volta, não gostou nem um pouco do resultado e a enviou para artesãos japoneses refazerem o trabalho. Em vez de tentar reunir o material como um quebra-cabeças, eles desenvolveram uma técnica que utiliza um tipo especial de laca, com ouro, para colar os pedaços quebrados, deixando as emendas aparentes.

Trata-se do *kintsugi*, a arte japonesa da restauração de cerâmica, imagem na capa deste livro.

Restaurada por meio dessa técnica, a peça não fica como era antes, e nem é esse o objetivo. O resultado é algo novo, que reúne as lascas de uma maneira diferente daquela do original. Essa transformação nos conta que algo aconteceu, mas o pote sobreviveu e ganhou outros contornos — mostrando que o objeto teve *vida*.

Essa é uma imagem poderosa. Algo imperfeito, que mostra tal imperfeição não como uma falha, mas como uma condição de tudo o que está vivo. Quebrou porque foi usado, porque teve uma experiência, participou de algo. O medo de quebrar pode se transformar no medo de viver. E esse medo parece estar se transformando em algo cada vez mais comum diante da exigência de ter, ou pelo menos exibir, uma vida perfeita, na qual tentamos deixar os problemas na sombra, sem mostrar as emendas de laca, isto é, nossa capacidade de resistir e seguir adiante.

Este livro é uma celebração das emendas. Diante da tirania da perfeição, foi escrito para lembrar que a vida normal é imperfeita — por isso mesmo, não existe "vida normal". Se fosse perfeita, não seria vida humana, mas estátuas frias de mármore em uma exposição. Saber que a existência perfeita não existe, que não há "normal", é o caminho para encontrar a vida possível — e isso significa integrar opostos: reconhecer a sombra sem deixá-la se tornar dominante, buscar a excelência e reconhecer nossas limitações, assumir responsabilidades sem transformá-las em culpa.

Uma conversa na origem deste livro

Este livro foi imaginado muitas vezes.

A inspiração mais recente me veio em um café em Buenos Aires, Argentina. Estava com a Anna, minha esposa, e o Lucas, nosso filho, em nossas primeiras férias solo depois de muito tempo, no café Ouro Preto, na avenida Corrientes, numa deliciosamente fria manhã de julho de 2023.

Os retratos do escritor argentino Julio Cortázar, que costumava frequentar o lugar, estavam espalhados pelas paredes e poderiam ter sido a fonte de inspiração. Mas foi, na verdade, uma conversa entre dois *mozos*, garçons: "Hoy tienes que ser perfecto en todo. Nadie acepta nada menos que la perfección" ou, em português, "Hoje você tem que ser perfeito em tudo. Ninguém aceita nada menos do que a perfeição".

Sim, "tienes que ser perfecto en todo".

A ideia da vida perfeita está em todos os lugares. Está nas redes sociais, nas quais pessoas mostram sua vida de sonho, com um trabalho gratificante e bem remunerado, uma família feliz, sem conflitos ou problemas, o corpo

APRESENTAÇÃO

delineado, pronto para o verão. Está na imagem da praia de areia branca e mar azul no verão, do chalé aconchegante com lareira e chocolate quente no frio, no Natal celebrado com todo mundo. Está no encontro com o amor verdadeiro, sincero e eterno, logo ali. É só acreditar, não desistir, e no tempo certo — com esforço — tudo isso virá.

Mas, enquanto esperamos por essa vida perfeita, o que fazemos com a vida que temos?

Estávamos de férias, mas acabei me distraindo por um momento e me lembrando de alunas e alunos com quem tenho a alegria de compartilhar as salas de aula cada vez mais preocupados em chegar a uma perfeição inalcançável. Na universidade, no trabalho, na vida afetiva. Com o corpo, com o jeito de se vestir e de ser.

E isso não afeta apenas os jovens de hoje em dia. A questão está espalhada por toda a sociedade, mas atinge com mais força grupos e pessoas em condições mais vulneráveis. Por que a perfeição de repente tinha se tornado um problema? (Preciso dizer que novamente fui distraído desses pensamentos por uma xícara de chocolate quente e duas *medialunas*. Minha concentração é limitada.)

Alguns dias e centenas de quilômetros de distância mais tarde, numa livraria da cidade de Rosário, me deparei com um livro da escritora portenha Betina González, *A obrigação de ser genial*. O assunto era completamente diferente: a obra discutia escrita e crítica literárias, mas o título era um sintoma de que havia algo no ar. No Amelie Petit Café, um dos pontos mais simpáticos e acolhedores dessa cidade, nasceu oficialmente a ideia deste livro — daí o local assinalado no fim desta apresentação.

O projeto começou a ser esboçado, pronto para seguir na linha de outros dois livros meus: *Sem tempo para nada*, publicado pela editora Vozes em 2022, e *Teoria sociológica*, pela editora Freitas Bastos. Existem ecos entrelaçando essas três publicações.

Mas será que alguém se interessaria por um livro sobre perfeição?

A resposta chegou via rede social no dia 30 de agosto de 2023 (o ambiente digital guarda tudo). Era uma mensagem de Raïssa Lettiére, do Grupo Editorial Record, ao qual o selo BestSeller está ligado, perguntando-me se eu tinha interesse em conversar sobre um projeto editorial.

Convites generosos assim você aceita primeiro e pensa depois.

Levamos algumas trocas de mensagens e conversas para definir o tema, formato, tamanho e datas. A partir daí, hora de voltar à prancheta e me dedicar ao projeto entre dezembro de 2023 e o começo de 2025.

Vale mencionar outros escritos sobre o assunto, como *A armadilha da perfeição*, de Thomas Curran; *A coragem de ser imperfeito*, de Brené Brown; *O mito da perfeição*, de Richella Parham; *Perfeição não, felicidade*, de Poppy Jamie; *Esqueça a perfeição*, de Lisa E. McLeod; e um infantil chamado, bom, *Ninguém é perfeito*, de Ellen Burns. O foco desses livros é bem diferente do foco deste, mas o fato de existirem tantos escritos sobre o tema é um sintoma do qual precisamos cuidar.

Entender uma situação dessas requer várias perspectivas. O norte deste livro são as ciências sociais, temperado com contribuições da filosofia, da psicanálise e de outras fontes, além de histórias, notícias e até conversas ouvidas por aí. Sigo uma ideia da socióloga boliviana Silvia Rivera, que diz em *Um mundo ch'ixi é possível*: "Trabalho com ideias encontradas no caminho, em diálogos ainda a construir, fragmentários, escutados durante o trajeto, e tenho que fazer isso desde nossa condição de pessoas que produzem conhecimento, pensamento e memória."

Escrevo como participante do jogo. O olhar é comprometido e reflexivo. Não há crítica sem autocrítica, sem questionar o que fazemos, o nosso lugar, as potências e os limites de quem somos. Como lembra a filósofa estadunidense bell hooks em *Anseios*, quem estuda esses temas, "mas não questiona suas próprias perspectivas, o lugar do qual escreve numa cultura de dominação, pode facilmente fazer dessa disciplina potencialmente radical um novo terreno etnográfico", isto é, olhar os outros com uma mirada — mesmo que involuntária — de desigualdade.

Meu direcionamento teve duas origens.

Em primeiro lugar, cronologicamente, mais de duas décadas e meia em sala de aula, como professor universitário. Das muitas coisas que aprendi — mais do que ensinei — nesse espaço, a importância de falar para ser compreendido, uma fala que possa acolher também as ideias contrárias, formando algo novo: o diálogo.

Em segundo, no trabalho como terapeuta, dentro de uma linha junguiana, a importância da escuta produtiva, atenta, que procura ouvir a fala do outro junto com a pessoa, tentando entender os enigmas das imagens que as palavras carregam.

Escutar, falar, aprender. São os três verbos na origem deste livro.

Três verbos, aliás, voltados para atividades longe de serem perfeitas. Nenhuma escuta é completa, nenhuma fala é absoluta, nenhum aprendizado está livre do erro. E, se procuramos dar alguma autenticidade para essas experiências, precisamos mostrar suas imperfeições — como na técnica do *kintsugi*, deixar as emendas aparentes.

No início de cada capítulo e em outros pontos do texto, reproduzo trechos de poemas contemporâneos. Um poema pode pode capturar as filigranas da alma mais do que qualquer explicação. Alternei, na escrita, o masculino e o feminino, pensando que as regras de uma língua atuam em mais de uma maneira. Para reforçar os argumentos, incluo também alguns relatos, todos os quais, até onde sei, são verídicos e aconteceram com pessoas próximas ou comigo (os detalhes que permitiriam a identificação dos envolvidos foram alterados, assim como os nomes).

Para facilitar a leitura, evitei um vocabulário técnico e busquei um tom mais de conversa. Imaginei um interlocutor interessado e atento, mas desconfiado, como se estivesse cético em relação às ideias do livro. Também para evitar ser muito técnico, não usei o sistema de citação autor-data, como "(Rivera, 2023, p. 4)". Não há, no entanto, a pretensão de total originalidade: cada linha deste livro é construída em diálogo com autoras e autores com quem aprendo todos os dias. Procurei citar todas e todos ao longo do texto, com as referências de cada capítulo ao final do livro — se algo me escapou, ficarei feliz em corrigir na primeira oportunidade. Além disso, a menção a qualquer pessoa não significa necessariamente endosso ou apoio a outras de suas ideias, atitudes, valores ou comportamentos. Existem muitas nuances na realidade, e pensar criticamente é conhecer suas diversas tramas.

Algumas ideias, antes mesmo que eu idealizasse este livro, foram apresentadas em diversos espaços nos últimos anos e aparecem aqui como o resultado da contribuição de muitas vozes ao longo desse tempo. A conclusão decorre de uma aula inaugural realizada por um simpático convite do Programa de Pós-Graduação em Comunicação e Cultura da Universidade de Sorocaba.

Amelie Petit Café
Rosário, Província de Santa Fé, Argentina
Iniciado em julho de 2023 e concluído em janeiro de 2025

Introdução

Calma, ninguém é perfeito

> No quise permitirme pensarlo y preferi crer que era una impresión mia, que era yo quien estaba fuera de lugar.*
>
> Rosario Bléfari, *Las reuniones*

Nunca conheci alguém que tivesse ficado calmo depois de ouvir "calma". Aliás, parece que, para deixar uma pessoa nervosa, basta dizer essa palavrinha. E, se vier acompanhada de um ponto de exclamação ("Calma!"), o resultado é certeiro: a pessoa vai ficar tudo, menos calma. Se estiver *mesmo* agitada, vai demonstrar isso dizendo entre dentes *"Eu estou calma!"*, com cada fonema da frase expelindo o contrário no ar. Tudo, menos calma.

Por que, então, colocar "calma" no título da introdução se ninguém vai se sentir assim?

É, sei disso. O objetivo deste livro não é acalmar você. Seria muita pretensão minha saber quais são suas emoções. Esse "calma" é apenas

---

* Eu não queria me permitir pensar nisso e prefiro acreditar que foi impressão minha, que era eu quem estava deslocado. [N. do E.]

uma maneira amigável de dizer "oi" e chamar a atenção para a mensagem deste livro.

Esse é o ponto. Explorar algo que realmente nos tira do sério de uma maneira ou de outra: a obrigação de buscar uma vida perfeita, dentro de normas e padrões reforçados dia a dia pela sociedade. De todos os lugares surgem imagens, posts, histórias e relatos dessa suposta vida perfeita. É o empreendedor que ficou milionário antes dos 25 anos, o amigo popular, a conhecida com o corpo ideal, o influenciador com milhões de seguidores, a colega de trabalho que tem um namoro incrível, a mãe daquela família linda.

Para as pessoas fora desses cenários, restam perguntas e sentimentos contraditórios. Em um artigo publicado em 2018 no jornal britânico *The Guardian*, a colunista Moya Sarner vai direto ao ponto: "Como ser feliz quando a vida de todo mundo parece perfeita?" O problema, no fundo, sou eu? Não sou esforçado, inteligente, bonito, interessante o suficiente? Se ele conseguiu, por que não eu? Tenho algum problema? O que mais preciso fazer para alcançar o sucesso? Como consigo ser amado como ela é? Devo me esforçar mais? As imagens da vida perfeita sempre levam a comparações com a sua própria, e você geralmente sai perdendo.

O esforço desmedido para cumprir esses objetivos invade os espaços pessoais, as horas de sono e os momentos de lazer, transformando-os numa performance com um único propósito — a perfeição. O discurso permanente de sucesso derruba sua autoestima, faz você se sentir mal por não conseguir o que todo mundo é capaz de obter. Diante desse cenário, é fácil concluir que o problema é *você*.

Por que você não faz desse jeito?

Coma mais vegetais. Faça exercícios. Elimine as rugas. Ame, porque amor tem que ser cultivado, senão desaparece. Dedique-se ao trabalho. Pense como líder. Passe mais tempo com as crianças. Valorize aqueles que te deram carinho, amor e proteção a vida toda. Respire fundo. Inspire e expire devagar. Faça como o influenciador fenômeno nas redes sociais. Seja a próxima pessoa bilionária. Treine vinte minutos por dia e perca até dez quilos por mês. Coma mais fibras. Faça o que ama. Torre o pão, pois ele fica com menos calorias. Reserve todos os dias um tempo para você.

O imperativo parece ser o único modo verbal da língua contemporânea.

Mas por que tantas ordens? Por que tantas normas para ser perfeito? Não parece que, quanto mais exemplos de perfeição você vê por aí, mais se sente distante deles? Fica parecendo que a forma como você leva a vida sempre esteve errada diante da obrigação de atingir esse padrão apresentado como normal. Porque, hoje em dia, a vida normal não aceita nada menos do que a perfeição. Esse ideal a ser alcançado, ainda que às custas da saúde física e mental ou da vida afetiva, se tornou um dos imperativos da sociedade contemporânea.

Não há como equilibrar bem-estar e busca pela perfeição. Até porque essa equação não é feita para ser resolvida. Como só é possível vender uma solução se te convencerem de que você tem um problema, o padrão está em constante mudança, e você, sempre a um passo de cruzar a linha do erro, não importa o que faça. Se se dedica demais aos filhos, não está cuidando do crescimento profissional; se não presta atenção no namorado, ele vai atrás de outras pessoas; se esquece a própria mãe, está sendo ingrata com a pessoa que fez tudo por você; se só pensa na carreira, não está criando os filhos; se muda o cabelo, só pensa na aparência; se não faz as unhas, é desleixada; se gosta de moda, que pessoa fútil... e assim por diante.

Quando o normal se torna sinônimo de perfeição, o que sai da norma é visto como errado, e os custos humanos se estendem para toda a sociedade. E, para quem está fora do padrão, seja por tipo de corpo, origem, modo de falar, cabelo, idade ou qualquer outro atributo, existe uma indústria de soluções prontas para ajudá-lo a se aproximar da normalidade — em um jogo de palavras, ser *perfeitamente normal*.

Na Modernidade, a ideia de perfeição passou a ser associada não mais ao caráter, mas à produtividade, eficácia e performance. Sua natureza se esvaziou da qualidade para se tornar quantidade, meta a cumprir, indicador de negócio. Essa concepção rapidamente se espalhou para outras esferas da vida humana, como o amor ou as relações familiares. Em todas essas áreas, não se pode aceitar menos do que a perfeição.

Ansiedade, perfeição, culpa

A ideia principal deste livro é relativamente simples.

A busca pela perfeição a qualquer custo cria uma equação entre ansiedade e culpa. Ansiedade de precisar sempre dar um passo a mais, um esforço extra para chegar ao impossível. E, quando você não consegue atingir o inatingível, sente-se culpado pelo fracasso.

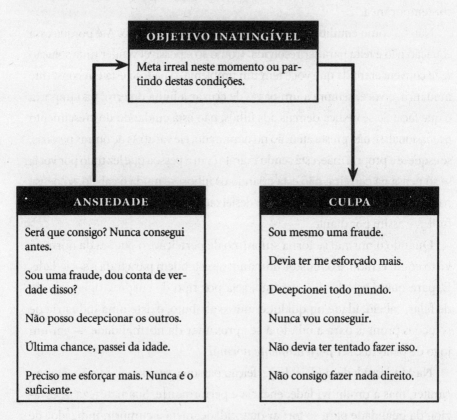

INTRODUÇÃO

No centro está um objetivo inatingível, que parecer pode ser várias coisas: conseguir o emprego dos sonhos, encontrar a pessoa perfeita, emagrecer comendo de tudo, bater todas as metas, trocar de carro uma vez por ano, comprar uma casa ou acumular o primeiro milhão antes dos 25. Ou simplesmente seguir em frente amanhã de manhã. Cada pessoa sabe qual é o ponto impossível do objetivo. Você coloca para si mesma, por vontade ou obrigação, um patamar irreal.

A primeira etapa é um movimento ascendente em busca desse objetivo, de atingir resultados inatingíveis e mostrar, para si e para os outros, que você é capaz. Outros falharam, mas você vai chegar lá. Isso desencadeia um nível crescente de ansiedade para concretizar essa meta, e assim você abre mão de horas de sono, deixa de lado vida familiar e social, ganha ou perde peso, aprende a tomar remédios para disfarçar essa aflição. Nenhum esforço é demais, nenhuma dedicação está além da conta para realizar esse sonho.

Até que você não atinge esse objetivo inatingível, porque, como o nome diz, é inatingível. Na rede social, você viu a pessoa que ficou milionária guardando 5 reais por dia, então você tentou e deu errado; viu o influenciador com 40 milhões de seguidores, então você criou um canal, mas poucas pessoas se inscreveram; viu seu colega de trabalho com uma SUV, enquanto você está pagando as prestações de seu carro usado ou andando de transporte público.

Então começa a descida. No início, você ainda pode tentar fazer uma avaliação do resultado, tentando mapear causas. Em seguida, vem a busca por um culpado externo: foram as circunstâncias, outra pessoa, as condições, alguém me prejudicou. Quando não acha mais nada para recriminar, a testemunha de acusação aponta para você. Foi sua falta de comprometimento, você se distrai demais, não tem muito foco, foi a crise de ansiedade, devia ter se esforçado, nunca faz nada certo. Sentença: o problema é você.

O perfeito não é uma condição atingível por seres humanos. Nós somos capazes de cultivar a excelência, mas não a perfeição. No entanto, você já notou o quanto ela nos é cobrada? Ou como aparecem, nas redes sociais, pessoas que parecem saber viver a vida melhor que você em todos os aspectos? Ou como outras mostram que seu corpo está fora do padrão, independentemente de qual for o padrão do seu corpo? Já notou como o seu colega fez um trabalho melhor, leu e entendeu tudo, participou de todos os eventos corporativos e ainda teve tempo para se casar e criar três filhos, enquanto você ainda estava tentando compreender a tendência da semana? Já notou como tem gente perfeita? Como nos lembra Fernando Pessoa, "todos eles príncipes". Menos você.

A violência da perfeição pode atingir, na prática, qualquer pessoa. Mas ela é implacável com certos grupos. Gênero, classe social, faixa etária e etnia, entre outros marcadores, podem fazer o caminho até a perfeição ser mais atravessado de obstáculos — é importante ter isso em mente ao longo de toda a leitura. O esforço para aparentar estar bem, feliz, "normal" (com todas as aspas) gera um ciclo de esgotamento constante. Essas exigências incidem com mais força sobre uns do que outros.

Analisando a situação de estudantes universitários negros, bell hooks, em *Ensinando comunidade*, lembra que os problemas de desempenho deles não se devem ao fato de serem "indiferentes ou preguiçosos". Segundo a autora, "grande parte da inadequação que vejo é causada por medo de ser menos do que perfeito, de tentar atingir padrões inatingíveis. Isso leva estudantes ao desespero e à autossabotagem".

É importante ter em mente que essa exigência pela perfeição atinge de maneira diferente vários grupos sociais. Pense, como aprendi com várias amigas, na diferença de tempo gasto por homens e mulheres ao se arrumar ou cuidar do corpo. A exigência da perfeição impacta muito mais uma mulher do que um homem. O que, para ele, talvez passasse como aceitável em termos de aparência para ela é inadmissível.

A pessoa imperfeita, em qualquer aspecto, precisa ficar se provando ou se justificando o tempo todo por existir. É difícil não prestar atenção no que dizem sobre você. Seres humanos vivem em sociedade, e é bom ter o afeto e o reconhecimento dos outros. Se sentir deslocada, de fora, é uma fonte de sofrimento psíquico. Uma vez, não me recordo onde, ouvi algo parecido com esta frase:

INTRODUÇÃO

Quando você está fora do padrão, o olhar dos outros não julga, sentencia.

Parece óbvio? Só quando você nunca passou por uma situação dessas. Não costumamos nos preocupar muito com uma situação se ela não nos atinge diretamente. Quando estamos vencendo o jogo, não nos preocupamos muito com a justiça das regras. A tempestade parece uma brisa suave quando o vento está a nosso favor.

As últimas décadas vêm mostrando, com dados e fatos, como as pessoas estão cada vez mais desconfortáveis com essa cobrança e também como realizar mudanças para além das aparências, questionando a própria noção de "normalidade".

Este livro explora como essa ideia de perfeição, pautada numa indústria da baixa autoestima, está contribuindo para formar gerações de narcisistas deprimidos — e, principalmente, tenta identificar os caminhos para lidar com isso.

O livro se desenvolve em torno de três eixos, definidos no subtítulo.

- **Deixar de lado a ilusão da vida perfeita**: Para isso, ao longo do livro vamos ver como a ideia de perfeição deixou a esfera religiosa e, aos poucos, foi se transformando em uma medida a partir da qual julgamos e sentenciamos a nós mesmos e a outras pessoas. Vamos ver como essa noção age em nosso dia a dia, às vezes de maneiras discretas e sutis, na forma de um ideal inatingível, e como isso se tornou um problema.

- **Respeitar os próprios limites**: Existe um discurso muito comum em circulação sobre a necessidade de "superar limites", "desafiar barreiras". Não vem ao caso aqui discutir até que ponto isso está correto. A proposta do livro é pensar de outra maneira: para superar limites, a primeira condição é conhecê-los. Só assim poderemos saber **quando**, e *se*, temos condições de ir além. Não se trata de acomodação, mas de conhecer a si mesmo. Isso leva ao terceiro ponto.

- **Tornar-se quem se é**: A expressão "torna-te quem tu és" é atribuída ao poeta grego Píndaro, que viveu no século V a.C. A frase foi retomada pelo filósofo alemão Friedrich Nietzsche no aforismo 270 do livro *A gaia ciência*, de maneira um pouco diferente: "*O que diz sua consciência? Torne-se aquilo que você é.*" Ela indica que todas as pessoas trazem em si a *potência* de ser mais — respeitando limites, reconhecendo falhas, aprendendo a abraçar a sombra sem se deixar dominar por ela.

Esses três aspectos percorrem todo o livro na forma de uma esperança sempre viva de que transformações são possíveis. Não uma esperança ingênua, pautada em um otimismo alheio aos fatos, mas uma esperança crítica, interessada nas condições reais de cada vida.

A filósofa norte-americana bell hooks nos lembra que ensinar é um ato fundado no amor e na esperança. Isso soa estranho em um mundo tão cético, mas hooks aponta que, justamente por ele ser cético, nós precisamos reencantar de forma crítica a educação, assim como a comunicação, trazendo de volta essa perspectiva do encontro de uma imperfeição, que sou eu, com outra imperfeição, que é o outro.

Não existem soluções individuais para problemas coletivos. O paliativo individual faz você se sentir melhor e mais confiante apenas até a próxima crise. As regras sociais merecem ser pensadas para retomar o sentido de um "nós" real em suas imperfeições, não de um "eu" perfeito, mas imaginário. Transformações importantes vêm sendo conquistadas, e ainda há muito pela frente. É preciso aprender a ver essas armadilhas da perfeição, identificá-las e lidar com elas.

Compreender para transformar. Essa é a proposta deste livro.

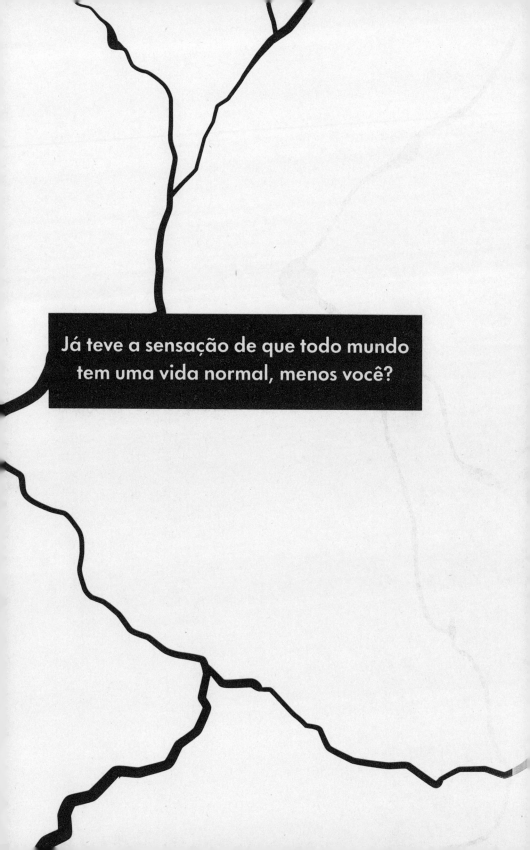

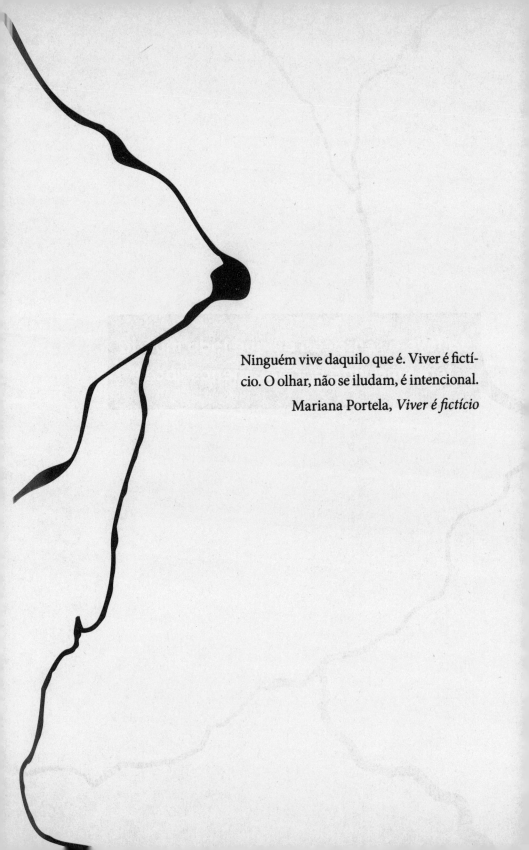

> Ninguém vive daquilo que é. Viver é fictício. O olhar, não se iludam, é intencional.
>
> Mariana Portela, *Viver é fictício*

Vida normal, uma ficção

Você já tentou explicar alguma coisa simples, dessas que todo mundo sabe, e não chegou a uma definição? Esse paradoxo é um problema clássico da filosofia. Em um trecho de *Confissões*, o filósofo santo Agostinho, discutindo a ideia de tempo, menciona isso: "Enquanto ninguém me pergunta o que é, eu sei; quando me perguntam, não sei."

É mais ou menos assim com a ideia de normal. Todo mundo sabe o que é uma pessoa normal. Ela estuda, trabalha, escova os dentes após as refeições, toma banho todos os dias (por favor) e tem, teve ou terá algum relacionamento afetivo bacana (ficamos na torcida). Ela está ao seu lado no ônibus, na fila do supermercado ou mexendo no celular enquanto espera alguma coisa. Pode parecer estranho perguntar isso: uma pessoa normal, bom, é igual a todo mundo, certo?

Certo.

Mas, nesse caso, onde vamos encontrar essa pessoa normal?

Podemos começar, digamos, em um ônibus (estou supondo que você usa transporte público). Imagine um rapaz aparentando 20 anos. Que roupa é normal usar nessa idade? Camiseta e calça jeans? A calça pode ser rasgada? Tênis? Se estiver a caminho do trabalho, talvez algo mais formal, como camisa e calça social. E uma senhora, vejamos, com 70 anos? Qual é o "normal" para vestir? Um vestido? Blusa e calça?

Mude de cenário. Estamos numa festa de alguma cena urbana — sertanejo, rock ou gótico. Cada um desses grupos tem sua própria noção do que é normal e esperado nesse contexto. O normal do parágrafo anterior seria bem estranho nesse cenário.

"Então o normal depende do contexto?", você pode se questionar.

Mais ou menos. Em termos mais exatos, o normal depende do *critério* usado para defini-lo.

Normas e regras: a curva e os pontos fora dela

Qual é o critério para definir "normal" em cada caso?

Como lembra o filósofo francês Georges Canguilhem em *O normal e o patológico*, a noção veio da medicina e tinha relação com a média de uma população. É "normal" que *x* pessoas adoeçam de determinado problema. Essa média estatística é representativa do esperado para aquela população. O conceito de "saúde", digamos, pode se referir a características relativas a uma faixa média da população, definida em termos numéricos pelo índice de um período; isso pode ser, para ilustrar, a quantidade de pessoas gripadas no inverno. A partir daí, entende-se como "normal" tudo o que se enquadra nessa estatística, considerando exceções — os pontos fora da curva.

Extrapolando um pouco o pensamento de Canguilhem, você pode notar a força desse conceito. Estatisticamente, é de se esperar que as pessoas se casem (usando esse termo como um guarda-chuva para vários relacionamentos) pela primeira vez entre 18 e 35 anos, de acordo com algumas variáveis — faixa de renda, grau de instrução ou origem social. Aos 30 anos, é provável que a pessoa já tenha vivido alguma perda, o luto. Salvo por razões específicas, já beijou alguém e passou por uma ou várias desilusões amorosas.

"Então, se não fiz nada disso, não sou normal?", você pode perguntar. Não é isso. Esses termos estatísticos mostram a dificuldade de encontrar essa pessoa normal.

Antes de seguir em frente, vale abrir espaço para uma pergunta: de qual "normal" estamos falando? Quais são os argumentos usados para definir algo, alguém ou uma situação como "normal"? Estudiosos do assunto parecem estar longe de um consenso. Mas, ao menos em um ponto, concordam: a normalidade é relativa e depende do *critério* considerado para definir alguma pessoa, grupo ou fato dessa maneira.

"Ah, então o normal não existe?"

A rigor, em termos iniciais, não.

Ao mesmo tempo, é bom evitar qualquer conclusão rápida. Na vida cotidiana, estamos acostumados a usar a palavra "normal" para situações com as quais lidamos com frequência. É possível, a partir disso, pensar em quatro tipos de "normal":

- **Normal como média**: pautado na estatística, define o que é "normal" baseado na média das características das pessoas de um grupo ou sociedade. A "pessoa normal" é desenhada a partir da soma e divisão das quantidades totais. Quanto mais próximo da média, mais "normal" a pessoa é.

- **Normal como maioria**: critério também numérico, mas por maioria simples. São as práticas, as atitudes e os comportamentos da maior parte das pessoas. No senso comum, você nota esse argumento quando ouve que "todo mundo faz isso". Por "todo mundo", no caso, leia-se "a maioria".

- **Normal como costume**: definido com base em práticas anteriores. Algo é "normal" porque sempre foi feito de uma tal maneira. Estamos próximos de uma perspectiva moral da normalidade. O "normal" é considerado moralmente válido e correto.

- **Normal como norma**: conceito próximo do universo jurídico, entende normal como aquilo que obedece à norma, com força de lei. Essa norma pode ser instituída, e isso leva a estabelecer algum tipo de padrão. Trata-se de uma perspectiva mais rígida —

o desrespeito à norma quase sempre é acompanhado de alguma punição.

A ficção do normal

Nosso vocabulário tem uma variedade ampla o suficiente de sinônimos de "normal" para mostrar o alcance dessa noção: "comum", "qualquer", "gente como a gente", "todo mundo". E, talvez o mais diáfano de todos, "as pessoas". Essas palavras e expressões sugerem a existência de um sujeito neutro, anônimo, capaz de representar uma coletividade. Uma pessoa no ponto médio da existência humana, sem rosto e ao mesmo tempo com todos os rostos, incapaz de ser apontada na rua em sua singularidade, mas representativa de todo o coletivo. É a pessoa "normal", a quem você se refere ao dizer "ah, ela é normal".

Se essa pessoa normal não pode ser definida objetivamente, talvez seja possível fazer uma aposta: ela é uma ficção. Não no sentido de "não ser real", mas de existir no plano da invenção e da criação. Ficções existem apenas em nosso imaginário, mas nem por isso são menos reais, e sabemos a diferença que isso faz — você pode ser fã de *Star Wars* a ponto de ficar horas discutindo as aventuras da saga, mas não espera encontrar jedis no supermercado. Entender a pessoa normal como ficção nos ajuda a compreender como ela existe na mente de todas e todos nós, mas ninguém seria capaz de identificá-la na rua.

Para o professor Allan V. Horwitz, "apesar de ser geralmente negligenciada, a normalidade tem um efeito extraordinariamente poderoso na forma como as pessoas se comportam. Mesmo quem procura ser diferente usa uma concepção do normal como guia". Ele também destaca: "Quando a normalidade é vista como a média, muitas vezes descobrimos que nenhum indivíduo poderia ser normal."

Vamos seguir em frente com essa ficção.

Uma amiga conta a você sobre o novo relacionamento. Você pede detalhes, e ela responde: "Ah, não sei, ele é normal."

Quais imagens povoam sua mente depois de ouvir essa frase?

Podemos especular um pouco. É um homem, pois sua amiga disse "ele". Não deve ser muito mais novo ou mais velho do que vocês, senão ela diria: "Ah, ele é mais velho." Tampouco deve ser muito mais alto ou baixo. Rico, não muito; pobre, também não. Provavelmente não apresentou nenhuma habilidade ou atitude distante do esperado, como falar norueguês, ser amigo do presidente da Indonésia ou fazer doutorado em bioarqueologia. Nada de especial, portanto. Na verdade, descrito assim, o sujeito pode parecer o tédio em pessoa. Como sua amiga está saindo com uma pessoa dessas?

Mas faltou perguntar: "Como é sua amiga?"

A resposta deve percorrer um caminho bem diferente.

Para você, ela é uma pessoa única. É, digamos, médica, advogada ou engenheira. Torce para o Atlético Goianiense, para o Vitória ou para o Remo. Usa roupas de estilo mais social, ou pós-punk, ou gótico. Gosta de MPB, rap, sertanejo. Costuma rir bastante e, quando vocês estão se divertindo, só sai bobagem. Mas também sabe chorar junto quando precisa. Às vezes fala umas coisas sem sentido, que só sendo amiga dela para entender. Normal, essa amiga? Nem de longe. Ou melhor, *só* de longe.

A diferença entre as duas respostas é a *distância* entre as pessoas envolvidas. Ou seja, como você conhece as particularidades de sua amiga, fica difícil usar uma categoria genérica como "normal". No entanto, por não conhecer o namorado dela, você fica mais à vontade para imaginá-lo de acordo com características mais gerais.

À distância, quando conhecemos pouco uma pessoa, nossa tendência é pensar nela a partir de *padrões*. Procuramos encaixá-la dentro do que conhecemos, vamos situá-la dentro das medidas com base nas quais conseguiremos fazer sentido do outro.

A primeira resposta, sobre o namorado, está cheia de pressupostos: ele é "novo", "velho", "rico", "pobre", "alto", "baixo" em relação a quê? Na verdade, sua amiga é a medida pela qual avaliamos o "normal" dele. Ele não é mais alto ou baixo, rico ou pobre, novo ou velho do que *ela*. Se sua amiga tem 20 anos, a idade "normal" dele estaria entre 20 e 30? Se ela recebe um salário x, o normal seria ele receber x (vale lembrar, e aprendi isso com amigas, que, se o salário dela for mais alto, muita coisa poderia mudar nessa relação — e essa equivalência é um objeto de luta e reivindicação). Se você deslocar um pouco o eixo, tudo muda: para uma amiga de 40 anos, o relacionamento com um homem entre 20 e 30 seria visto como "anormal"?

O NORMAL É A MEDIDA QUE USAMOS PARA JULGAR OS OUTROS, PAUTADA NA ILUSÃO DE ESTARMOS NO CENTRO, NA MELHOR POSIÇÃO PARA OBSERVAR O TODO.

Se quiser pensar de forma mais provocadora, definir algo como "normal" é uma maneira de projetar nos outros nossos sonhos e pesadelos a respeito de uma vida ideal. Perfeita.

Você *destaca* as pessoas próximas, atribuindo a elas as peculiaridades responsáveis por torná-las objeto de amizade, admiração ou amor. Mas também de sentimentos negativos: não é possível odiar alguém sem projetar nela uma série de características.

Carl G. Jung, em algumas de suas obras, coloca isso em termos de projeção de nossa *sombra*, isto é, as partes de nossa personalidade com as quais não conseguimos lidar por não serem aceitáveis em termos morais ou sociais. Levadas para longe de nosso olhar, no inconsciente, elas continuam sendo parte de nós — só não nos damos conta disso. Às vezes, projetamos nos outros essas características que não suportamos em nós, nossa sombra.

A sombra é uma recordação de que não há normalidade possível, menos ainda perfeição; mas olhar o que projetamos nos outros pode ajudar a entender o que há *dentro* de cada pessoa — afinal, só projetamos o que já está em nós.

Desafiar a noção de normalidade significa, entre outras coisas, rever o lugar dessa sombra. Uma das razões de sua força contemporânea é o fato de procurarmos escondê-la o tempo todo. Mas existem outras atitudes possíveis em relação às nossas imperfeições, em três momentos nesse caminho:

- **Esconder**: reprimir as imperfeições para a esfera da sombra, no inconsciente, fingindo que não existem ou não são nossas: a simples menção a qualquer característica nossa que lembre essa imperfeição desencadeia uma intensa reação emocional;
- **aceitar**: entendemos que as imperfeições existem e são partes de nós, mas continuamos não gostando de vê-las — e elas nos perturbam e, embora não causem mais problemas, ainda é desconfortável falar a respeito de assuntos ligados à sombra;
- **integrar**: compreendemos a imperfeição como parte de nós, conseguimos avaliar suas origens, como elas atuam, de forma mais positiva ou negativa, atribuindo outros sentidos às nossas vidas e, a partir daí, temos consciência para mudar.

A ficção da normalidade se estilhaça quando nos aproximamos da outra pessoa. Notamos as particularidades de seu semblante, a tonalidade de sua voz, a maneira como sorri ou o jeito como fala algumas palavras. Ela foge de qualquer padrão e se torna impossível dizer "ela é assim", porque ela não é de nenhuma maneira: tem manias, características e jeitos de ser todos seus. É isso que a torna única — incrível ou insuportável, mas única.

Diante do único, o normal desaparece. Sabe por quê? Porque você não está mais usando a régua-padrão de normalidade para julgá-la. No lugar disso, está observando as peculiaridades da pessoa — assim como, espera-se, ela está fazendo com você.

De uma maneira um pouco mais poética, o rosto próximo ganha uma alma. Não em sentido religioso, mas no original em latim, *anima*, aquilo anima a conhecê-la. Esse rosto, agora com alma, deixa de ser parte da norma, se individualiza diante de mim e se torna algo infinitamente mais importante: uma pessoa.

O paradoxo da normalidade

"Tudo isso só para dizer que não existe ninguém normal?", pode ser sua pergunta.

É aí que entra um paradoxo: não existem pessoas normais vistas de perto, mas é perfeitamente possível encontrar pessoas "normais" quando você afasta um pouco a lente e procura ver a sociedade de maneira mais ampla. Nesse momento, até seu amigo menos "normal" pode ser encaixado em categorias criadas *por meio* de normas. Os movimentos da sociedade, como algumas correntes marítimas, seguem o fluxo de suas direções.

Se a ideia de normal não existe, como — e por quê — ela está tão presente no nosso dia a dia?

A resposta inicial é relativamente simples: aprendemos desde a infância, na convivência com os outros, a reconhecer padrões. Alguns deles ganham a força de *normas*, que interiorizamos e levamos para o resto da vida, projetando-as sobre tudo o que vier depois.

"Mas pessoas diferentes aprendem padrões e normas diferentes, não é?"

Boa pergunta, e, até certo ponto, sim.

Em um nível mais restrito, aprendemos as normas nos chamados grupos primários, ou seja, nossa família, amizades e comunidades próximas. Você internaliza as normas sociais, isto é, as regras do jogo, de acordo com suas vivências nesses espaços. Dessa forma, as regras do grupo são as suas regras, e o *normal* é viver de acordo com as normas em questão — por exemplo, sua família pode ter o costume de comer sanduíches todas as noites.

Mas nós não vivemos apenas nesse nível da família, das amizades e das relações de trabalho. Aprendemos as regras da sociedade desde criança, filtradas pelos grupos nos quais estamos ou por outras referências, como influenciadores digitais ou ídolos. Essas regras e padrões são *gerais* e foram instituídos pelas pessoas e grupos em condições de defini-los.

Isso inclui o reconhecimento das normas e do normal como corretos até por quem, de alguma maneira, é prejudicado por tais critérios. Essa capacidade de levar uma pessoa a aceitar e reconhecer como válidas normas que a prejudicam ou impedem sua autonomia é chamada pelo sociólogo francês Pierre Bourdieu de *poder simbólico*. Um dos pontos cruéis desse poder: disfarçado de normalidade, ele é exercido com a cumplicidade involuntária das pessoas prejudicadas.

Para exemplificar com uma questão contemporânea, uma pessoa só vai se considerar "gorda" se tiver plenamente definido em sua cabeça o que é ser magro e que *esse* é o padrão. Por isso, diante de rotulações, às vezes alguém pode optar por tentar se adaptar em vez de questionar a norma todos os dias — as pessoas têm várias lutas, nem sempre essa vai ser a principal.

Vistas à distância, as outras pessoas são normais, comuns. Quando não estão nas redes sociais, elas estão ao seu lado no ônibus, no metrô, no trânsito, em seu carro, moto ou bicicleta, às vezes arriscando a vida para fazer entregas. Essa distância cria um efeito de homogeneidade: de longe, parecem *iguais*. Por isso é possível projetar nelas fantasias, preconceitos, expectativas e críticas.

A escritora francesa e vencedora do Nobel de Literatura Annie Ernaux reflete, em *A vergonha*, sobre sua infância: "*Ser como todo mundo* era o objetivo geral, o ideal a ser conquistado."

Uma das raízes da discriminação é a diluição da individualidade e da comunidade no sentido homogêneo da massa vista à distância. Como mostra a história, o passo seguinte, em alguns casos, é pintar a "normalidade" do outro como "inferioridade" — ele é "normalmente" inferior, "naturalmente" ruim. Quando a desigualdade se torna ordinária, o próximo passo em geral é a tentativa de aumentar essa distância, segregando, afastando, proibindo e me imunizando assepticamente contra esse outro, a fim de não ver seu rosto nem outra característica que o individualize. É mais fácil, mais cômodo, dizer "essa gente aí", "esse tipo de pessoa", "esse povo lá daquela região", mantendo a sensação "normal", entre todas as aspas.

Diante do olhar homogêneo dos outros, muitas vezes somos vistos apenas de acordo com nossa atividade no momento, isto é, da máscara ou papel social que exercemos. Em outras palavras, de nossa *personagem* na dramaturgia do cotidiano.

O lugar certo no teatro do cotidiano

> Seja você mesmo
> Eles dizem
> Quando a grande pergunta
> Se resume em
> Quem sou eu?
>
> Andressa Klemberg,
> *Poesia para começar*

Você já se sentiu como se estivesse interpretando um papel o tempo todo e toda sua vida fosse uma farsa? Até certo ponto, você está. Mas não há razões para se preocupar: em alguns aspectos, viver em sociedade é aprender, desde os primeiros anos de vida, a descobrir quais são os seus papéis e como interpretá-los da melhor maneira possível. Todas e todos passamos por isso, é parte crucial da formação das pessoas e dos grupos e para conseguirmos "ler" uns aos outros. No entanto, nem sempre nos adaptamos perfeitamente a esses papéis, e às vezes há um problema entre quem você é, quem *gostaria* de ser e o que *esperam* que você seja.

Vivemos um conflito entre agradar os outros e realizar aquilo que somos, principalmente quando há uma distância muito grande entre as expectativas de cada pessoa envolvida. Não existe uma solução definitiva, mas é possível aprender a lidar com a inevitável frustração de um dos lados — ou sua, por reprimir quem é; ou dos outros, por não verem em você quem eles gostariam.

A diferença entre quem somos, quem gostaríamos de ser e o que esperam de nós pode se tornar, ao longo da vida, uma fonte inesgotável de conflitos e frustrações, sobretudo se não conseguimos separar corretamente esses três aspectos.

As expectativas construídas a respeito de alguém podem ser um fator poderoso para formar sua identidade, mas também podem ser devastadoras para sua autorrepresentação. É difícil amar a si mesmo quando você nota que as outras pessoas não gostam do seu jeito de ser. Qual a vantagem de "ser você mesmo" se ninguém valoriza quem você é?

ÀS VEZES, NOS RELACIONAMENTOS, A OUTRA PESSOA GOSTA DE VOCÊ SOMENTE ENQUANTO SE CUMPRE O ROTEIRO DAS EXPECTATIVAS QUE ELA PROJETA.

Jogando com as palavras: ela gosta de você desde que você não seja você, ou seja, gosta da personagem que *ela* projetou. Basta sair um pouco desse roteiro para começarem as cobranças ("não esperava isso de você", "você não era assim").

Às vezes passamos décadas vivendo uma vida inautêntica, voltada para agradar os outros, às custas da repressão sistemática de quem gostaríamos de ser. Você certamente conhece pessoas que, ao saírem de um relacionamento — amoroso, familiar, profissional —, florescem como jamais haviam conseguido. Mudam seu jeito de vestir, de falar, os lugares que frequentam. Aos olhos de quem conhece, é como se fosse "outra pessoa".

Mas podemos perguntar: será que ela não está, pela primeira vez, sendo fiel a si mesma? Não virou *outra* pessoa; na verdade, se tornou quem *sempre foi*, mas não podia expressar. Uma pessoa pode ficar toda uma vida dentro do papel social moldado para ela, retirando disso uma satisfação a conta-gotas de ter, no fim das contas, uma vida "normal". Não é o que se queria, é o que se tem. Paciência, outras pessoas também são assim.

A capacidade de se reconhecer em si com suas potências e limitações é um privilégio complicado numa sociedade em que se aprende a cultivar uma imagem ideal de si.

Mas é bom não trabalhar essa questão em termos de "bem" e "mal" absolutos. Os caminhos trilhados pela análise mais profunda da mente humana, desde o início da psicanálise, sugerem que podem existir compensações inconscientes em se colocar nessa postura.

"Mas como alguém pode ter alguma satisfação numa vida assim?", você pode perguntar, com uma expressão de incredulidade.

Destaque a palavra "inconsciente" na outra frase: são aspectos desconhecidos de si mesma que a permitem suportar — verbo sombrio — essa vida.

O custo psíquico de viver sem a aprovação das pessoas ao redor pode ser bastante alto, e nem todo mundo reúne as condições para lidar com isso em um certo momento. Às vezes é simplesmente mais fácil, para evitar uma torrente de conflitos ininterruptos, se adaptar aos moldes definidos pelas pessoas ao redor como estratégia para garantir a ilusão de ser amada. Por que "ilusão"? Por uma razão simples:

QUANDO A CONDIÇÃO DE SER AMADA É DEIXAR DE SER QUEM VOCÊ É, O NOME DISSO NÃO É AMOR, É VIOLÊNCIA.

No entanto, isso requer um tipo de relacionamento no qual o objetivo é ajudar a outra pessoa a ser quem ela é, encontrando e trilhando os próprios caminhos. No amor, para algo merecer esse nome, a vontade do outro vem antes da minha possessividade. O respeito à decisão da outra pessoa de fazer o que quiser com a própria vida significa conter a minha vontade de projetar nela o que seria, na minha concepção, a maneira "certa" de viver. Você encontraria a *sua* vida perfeita, não *a* vida perfeita.

Os pesquisadores Mariana Livramento, Luis Hor-Meyll e Luis Pessoa apontam essas expectativas. Sua pesquisa sobre o que motiva mulheres de baixa renda a comprarem cosméticos mostra que, "com o uso de produtos de beleza, as consumidoras de baixa renda buscam elevar sua autoestima, constantemente abalada pelas restrições financeiras, que as coloca em permanente situação de desvantagem". Mas não é só isso: existe, também, um ato de resistência dentro desse mesmo cenário. A beleza, explica a pesquisa, é um meio de "obter respeito de classes sociais hierarquicamente superiores, já que a aparência parece ser uma maneira eficaz para diminuir sua percepção de discriminação por serem pobres".

"Você mesmo" quem?

"Hum... Isso não é só uma maneira complicada de dizer 'seja você mesmo'?"

Você tem razão em desconfiar. Mas, em alguns casos, nos identificamos de tal maneira com a representação, que, depois de um tempo, não sabemos mais separar aquilo que somos da personagem social.

Acompanhei, mais ou menos de perto, uma situação assim anos atrás.

André era um dos melhores alunos de sua turma de jornalismo. Já nos primeiros semestres, conseguiu um estágio numa assessoria de imprensa. Ainda na faculdade, foi contratado por um grande veículo de comunicação, um dos mais importantes portais de notícia do país.

Depois de três meses como repórter na área de política, ganhou a própria coluna de destaque no portal do veículo. Seus textos tinham repercussões em várias frentes, eram compartilhados e comentados. Políticos de alto escalão entravam em contato para falar sobre questões do dia, e ele tinha o celular pessoal do presidente da República (mas nunca ligou).

Até que, numa reestruturação da empresa, foi demitido.

No final da semana, André já estava em outro portal de notícias, escrevendo também sobre política. Tudo parecia igual.

No entanto, esse veículo estava um ou dois degraus abaixo do anterior em prestígio. André não era mais *o* colunista. Políticos não ligavam com frequência. Ao contrário, precisava falar com assessorias e aguardar encaminhamentos. Suas melhores fontes, quase amigas pouco tempo antes, de repente estavam sempre com agenda cheia. O número de compartilhamentos caiu, e suas colunas não recebiam tantos comentários.

A mudança foi um golpe profundo em sua autorrepresentação. Sua identificação com uma *persona* de alta importância, ainda muito jovem, não resistiu à mudança de status. Depois de seis meses, André recebeu um diagnóstico referente à sua saúde mental. Quem era, exatamente, ele? Essa pergunta, pela identificação com a personagem, era difícil de responder.

"Então somos todos personagens? Onde mora o meu verdadeiro eu?", você pode perguntar. Podemos até ampliar a pergunta: *existe* um "eu de verdade"?

Viver em sociedade é aprender a desempenhar perfeitamente a *personagem* que você aprendeu a ser desde o nascimento. De certa maneira, sua educação foi uma tentativa de ensinar os papéis a serem desempenhados — quase toda formação é um esforço para encaixar alguém dentro da norma, ou seja, a perfeição esperada para o bom desempenho de uma situação.

Persona está na raiz da palavra "personagem", como "representação"; mas também em "personalidade". Os papéis que desempenhamos ajudam a construir aquilo que somos. Você pode representar várias personagens ao longo do dia, mas se identifica mais com umas do que com outras. Cada uma delas vem acompanhada de sua própria carga emocional, e você pode se sentir mais confortável e verdadeira desempenhando uma do que outra. Não nos adaptamos igualmente a todos os papéis, e aprendemos sobre nós ao tentar desempenhá-los corretamente.

A distância e a proximidade com os papéis que representamos é um passo importante para desenvolver nossa própria personalidade e aprendermos a nos reconhecer diante das várias personagens de nós mesmos com as quais lidamos todos os dias. Compreender essas mudanças permite, com algum exercício, reconhecer até as nossas versões mais sombrias e enfrentar com mais tranquilidade as exigências de perfeição.

Você talvez já tenha escutado a frase "o inferno são os outros". E, em um dia particularmente ruim, tenha pensado consigo mesmo: "Tem toda a razão." A frase está numa peça de teatro do filósofo francês Jean-Paul Sartre: *Entre quatro paredes*.

Três personagens estão numa sala, onde devem ficar na presença uns dos outros para toda a eternidade. É impossível sair. O tempo está congelado no presente. Não há como se desconectar, nem por um instante, da companhia das outras pessoas. Durante a peça — desculpe o *spoiler* —, a inevitável conversa entre as personagens começa a revelar os fatos mais obscuros de cada uma, condenadas a estarem para sempre diante do olhar, do julgamento, das outras duas.

Aos poucos, um cenário perturbador vai se revelando: as três estão no inferno. Mas é uma versão bem diferente das representações comuns. No lugar de demônios e fogo eterno, o olhar de outras duas pessoas. Visibilidade ininterrupta: o inferno são os outros.

(Exposição sem fim ao olhar de pessoas estranhas, monitoramento constante, julgamentos rápidos: Sartre estava falando do inferno, mas essa descrição, curiosamente, lembra alguns usos das redes sociais.)

Essa frase de Sartre, fora de contexto, pode soar como um desabafo referente às dificuldades de conviver com outras pessoas.

Já aconteceu de você estar em um elevador ou uma sala de espera, alguém entrar e você ficar sem saber o que fazer? Primeiro, cumprimentar. Temos educação e obedecemos a convenções sociais. E depois? Iniciar uma conversa? Sobre o quê? Clima é um assunto seguro, mas não dura muito. Trânsito? Depende do lugar. Algum assunto aleatório, digamos, a vida amorosa das anêmonas do mar do Norte? Você pode tentar desviar o olhar, mas isso tem alcance limitado — é bem complicado ignorar alguém em um elevador, por exemplo. Você não pode mais cantarolar, improvisar um karaokê ou fazer uma dança ritual ouvindo música. *Tem alguém olhando.* Ou melhor, *tem alguém julgando.*

(Só para lembrar: você e eu somos "os outros" das demais pessoas.)

O espelhamento de si

"Ah, mas eu não ligo para o que os outros falam", é possível responder.

Esse tipo de resposta soa, em nossa cabeça, como uma afirmação de individualidade em relação às pressões que sofremos. Mas, na prática, é difícil ignorar completamente a opinião alheia. Não de qualquer pessoa, é verdade, mas daquelas que *significam* algo para nós. As pessoas que *importam*: o "outro significante", como definiu uma vez o sociólogo norte-americano Charles H. Cooley.

Em uma reunião de trabalho, a opinião que você tem a seu respeito pode variar de acordo com as críticas ou os elogios recebidos. Mais ainda, com o que *acha* que pensam de você. Sua autocompreensão ("sou boa nisso"; "não sei fazer nada direito") depende da percepção dos outros. Não há necessidade de verbalizar: você nota, rapidamente, o quanto sua atitude está certa ou errada, o quanto é boa ou ruim em alguma coisa. Uma sequência de bons conceitos pode elevar sua autoimagem: se *acham* você competente, talvez você *seja* competente. Você forma sua autoimagem com base no que acha que os outros pensam a seu respeito; de modo mais simples: você se vê a partir dos outros — o que Cooley chamou de "eu espelhado".

É difícil construir uma imagem positiva de si mesmo lidando com um *outro espelhado* dessa natureza. Isso parece estar ligado diretamente à nossa autoestima. Jan Stets e Peter J. Burke sugerem que ela é formada por três componentes principais:

- **Autovalor**: o quanto você sente que é bom e valioso do jeito que é
- **autoeficácia**: sua possibilidade de agir da melhor forma em uma situação
- **autenticidade**: sua identidade, a maneira como você se reconhece

A autenticidade é uma mercadoria valiosa quando não se sabe onde termina a realidade e começa a representação. É necessário *parecer* autêntico, mostrar que a realidade vivida é, de fato, real. A lógica do *influencer* que grava vídeos de sua casa, mostrando o quarto ou a cozinha, aparentemente sem produção ou cortes, é sintomática. Cada detalhe precisa ser planejado para mostrar que não há produção, que tudo ali é autêntico. Paradoxo do real: ele precisa *parecer* real. Estamos perto do que o filósofo francês Jean Baudrillard chamava de hiper-realidade.

A questão é ainda mais profunda. Em um texto a respeito de posts sobre maquiagem em redes sociais, as pesquisadoras Rosanna Smith, Michelle vanDellen e Lan Ton mostraram que, quando a maquiagem é vendida como uma maneira de mostrar seu "eu verdadeiro", em contraste com o uso para "esconder" ou "corrigir" alguma coisa, a percepção de quem consome tende a ser mais positiva — incluindo, nesse caso, a recomendação para outras pessoas. Como conclui a professora Smith em outro texto, o custo de parecer natural pode ser bem alto.

Esse processo é o ponto de partida para entendermos melhor o culto contemporâneo da perfeição — sobretudo para suas partes menos conhecidas, ou seja, aquilo que raramente sabemos sobre a vida perfeita. Por exemplo, sua relação com a felicidade, como vamos ver no próximo capítulo.

> Você está esperando para ser feliz quando resolver seus problemas?

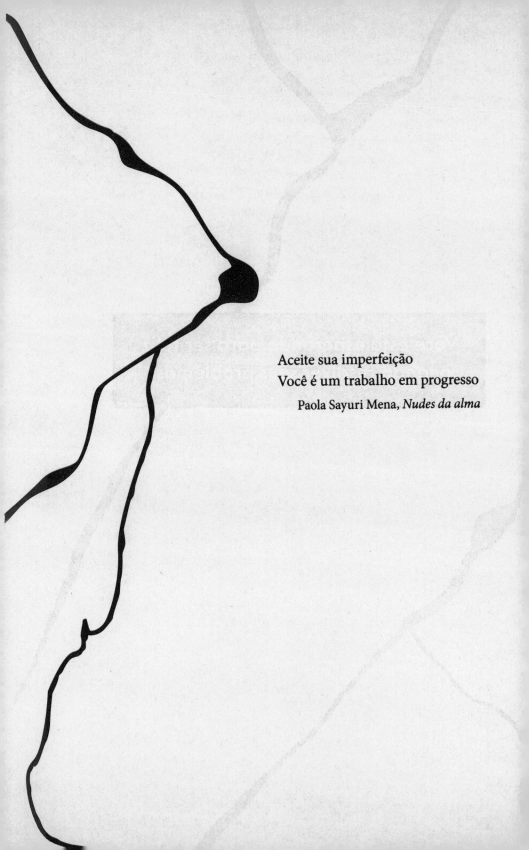

Aceite sua imperfeição
Você é um trabalho em progresso
Paola Sayuri Mena, *Nudes da alma*

Perfeição traz felicidade?

HÁ MUITOS ANOS, UM AMIGO ME PEDIU AJUDA PARA ORGANIZAR A mudança de sua família. Nós nos conhecíamos desde o ensino fundamental, e era a primeira vez que eles se mudavam. O apartamento novo não era muito longe, mas havia uma enorme quantidade de coisas para empacotar — toda uma vida em um caminhão de mudanças.

Começamos numa manhã de sábado, bem cedo.

Eram umas dez da manhã quando meu amigo me chamou para ver uma caixa. Estava fechada e bem embalada. Dentro havia um traje de mergulhador completo, com pés de pato, máscara, bocal e mais alguns itens. Novo, ainda com a nota fiscal, com data de dez anos antes. Estranho: até onde sabíamos, ninguém de sua família praticava mergulho. Fomos até a sala, onde seu pai estava embalando outras coisas.

Ao ver o equipamento, sentou-se sobre um banquinho ainda não empacotado e pegou o traje de mergulho com cuidado, embora um pouco desajeitado — é mais pesado do que parece.

— Era para a gente mergulhar... — disse ele. — Fiquei guardando para o dia que a gente tivesse dinheiro, eu ia ter um barco e a gente ia mergulhar. Aí o tempo foi passando, fui deixando, vinha uma coisa, outra, e isso ficou de lado.

Ninguém falou nada.

Perdemos o contato, mas sempre me recordo dessa história quando o assunto é a expectativa de uma vida perfeita com a qual parecemos sonhar. O pai do meu amigo estava guardando sua felicidade numa caixa.

A felicidade como fim

De todos os produtos contemporâneos, a felicidade é provavelmente o mais lucrativo. Está em todos os anúncios, de marcas de carro até investimentos bancários; no discurso de políticos em época de eleição, quando prometem uma melhor distribuição da felicidade; na publicidade de comida, quando a primeira mordida equivale a um minuto no paraíso.

Está nas primeiras palavras da Constituição dos Estados Unidos, na qual a busca da felicidade aparece como um direito inalienável do ser humano, ao lado de vida e liberdade. E, claro, povoando filmes de Hollywood, séries de TV e reality shows. Prometem, de alguma maneira, prover os meios para ser feliz, quando não se apresentam como a própria felicidade.

Há uma parte dessa história, no entanto, sobre a qual não se fala. Ela caminha ao lado das imagens da felicidade como uma sombra que desaparece quando você se vira para olhar melhor. Como um ruído surdo, é quase impossível de detectar, mas está sempre lá. Assumem a forma de três questionamentos: o que é a felicidade, quais suas condições e possibilidades.

Uma coisa podemos aprender vendo as imagens que chegam até nós: a felicidade é colocada como um *fim* a ser atingido. As coisas são o *meio* para alcançá-la. No discurso contemporâneo, a felicidade sempre vem *depois*. Depois de conseguir este ou aquele bem, depois de conquistar o amor da sua vida, conseguir seu apartamento, falar inglês ou comprar um carro. O esforço para obter esses meios é compensado de antemão pela expectativa do prêmio no final: a vida perfeita da felicidade.

Mas qual é, na prática, a felicidade da vida perfeita que nos vendem todos os dias?

PERFEIÇÃO TRAZ FELICIDADE?

Em primeiro lugar, atualmente existe uma equivalência, às vezes sutil, entre felicidade e perfeição.

No discurso contemporâneo, só é possível ser feliz preenchendo toda uma série de condições relacionadas a uma vida perfeita. Ter um corpo deste ou daquele estilo, dirigindo determinado carro, conseguindo um relacionamento com a pessoa ideal. Essa equivalência tem uma face perversa: ela mostra a imperfeição como sinônimo de infelicidade. Essa perspectiva limita a ideia de felicidade e a conecta permanentemente a alguma condição, como a compra, a posse, a presença do outro.

As pesquisadoras Valerie Robinski, Angela Hosek e Nicole Hudak mapearam como essas mensagens começam a atuar ainda na infância, atrelada a uma escala de valores — no caso de seu estudo, a preocupação com a perfeição do corpo. Uma de suas entrevistadas se lembrava de ouvir da mãe, quando era pequena, "é melhor ser uma magrela deprimida do que uma gorda feliz".

QUANDO A PERFEIÇÃO É UMA CONDIÇÃO DA FELICIDADE, SER FELIZ SE TORNA IMEDIATAMENTE IMPOSSÍVEL.

Seja qual for seu esforço nessa direção. Nossa sociedade aprendeu a adiar indefinidamente o momento de ser feliz, esperando a vida entrar em um estado de perfeição.

"Certo, então como vou ser feliz agora, lidando com tantos problemas?", você pode, corretamente, perguntar.

Existem várias respostas.

Você pode aguardar pacientemente o momento de ser feliz, se esforçando a cada dia para conseguir os meios para alcançar essa felicidade, consequentemente se frustrando no começo da noite ao perceber que esses meios desaparecem antes de alcançar um estado mais feliz.

É importante fazer uma separação: não confundir *felicidade* com *bem-estar*. Ter boas condições materiais, levar uma vida digna, não precisar se preocupar se terá o que comer no dia seguinte e situações similares estão ligadas ao *bem-estar*. Isso inclui conforto físico e condições para formular e realizar projetos. Bem-estar não garante felicidade, embora ajude. Como dizia um amigo meu, "se é para ficar triste, prefiro que seja em Paris".

Para quem não tem essa opção, chegamos ao segundo ponto: ser feliz *com* os problemas.

A frase não é das mais simpáticas e vai na contramão dos discursos que prometem a felicidade no fim do arco-íris, quando todos os seus problemas estiverem resolvidos. Por uma razão simples, mas difícil de enunciar: eles não vão se resolver de maneira definitiva.

"Credo, vou ler outra coisa mais otimista", pode ser a reação de alguém mais apressado, e completar com algo como "você está dizendo que não é possível ser feliz".

Ao contrário.

Esse modo de entender as coisas procura deixar de lado as ilusões de um otimismo impossível para se apoiar no terreno mais sólido do enfrentamento das situações. Aprender a olhar a realidade por perspectivas diferentes, às vezes mais duras, evita um movimento muito mais triste, a *desilusão*, quando você nota que seu castelo sólido era um devaneio. A desilusão só existe quando, anteriormente, houve uma ilusão criada.

Fazemos isso o tempo todo e, em si, não é errado — não se trata de um julgamento moral. Até certo ponto, precisamos de ilusões e fantasias para seguir em frente. A vida poderia tomar rumos sombrios e amargos se não cultivássemos sonhos, objetivos impossíveis, realidades diferentes daquela na qual vivemos.

Mas não é difícil ser levado de maneira inconsciente a pautar sua existência na busca incessante de uma felicidade nunca boa o suficiente. Em seu livro *Pertencimento*, a filósofa bell hooks lembra-nos deste aspecto: "A vida é repleta de picos e vales, triunfos e adversidades. Muitas vezes, sofremos por querer viver em um mundo somente de vales, sem lutas ou dificuldades, um mundo plano, reto, consistente."

Ao longo dos anos, conheci várias pessoas que colocavam sua felicidade em ilusões cuidadosamente cultivadas, como plantinhas que você rega todas as manhãs. A principal, sem dúvida, era ser feliz mediante a conquista de

PERFEIÇÃO TRAZ FELICIDADE?

um meio qualquer. Outras ficavam esperando a resolução de um problema para, aí sim, "ser feliz". Como problemas não deixam de surgir, a felicidade era sempre adiada — como no caso do pai do meu amigo, indefinidamente esperando a hora de mergulhar. Por isso é importante pensar, em termos quase preventivos, até que ponto esse tipo de imaginação faz bem. Existem ilusões negativas que às vezes cultivamos em troca de um conforto momentâneo. No longo prazo, porém, elas podem se revelar um problema.

Colocar condições para a felicidade ("só vou ser feliz se conseguir isto", "só serei feliz com aquela pessoa") é adiar indefinidamente um estado. Essa busca pela felicidade pode, em alguns casos, se tornar um caminho para o perfeccionismo: só algo perfeito me deixaria realmente feliz. Como nada é perfeito, é preciso encontrar outro caminho para a felicidade.

Essa ideia está longe de ser nova.

Dois mil e quinhentos anos atrás, o filósofo grego Aristóteles, em seu livro *Ética a Nicômaco*, já alertava para o fato de atrelarmos a felicidade sempre a um meio frágil, que poderia rapidamente desaparecer e levar, com ele, a possibilidade de ser feliz. O ponto, para ele, era lembrar que a felicidade é um *estado* ligado a cada uma e cada um de nós, que não pode ser dependente das oscilações dos fatores externos. Não posso esperar conseguir alguma coisa para ser feliz: a felicidade não espera, ela existe enquanto cultivo todos os dias.

Um outro grupo de filósofos, partindo de um pressuposto um pouco diferente, desenvolveu também uma série de reflexões nesse sentido.

Conhecidos como estoicos, eles mostraram como era possível cultivar a felicidade sem esperar a perfeição. Ou, dito de outra maneira, uma felicidade possível e livre de condições. Há vários representantes do estoicismo na história da filosofia, mas, em linhas gerais, esses pensadores mostravam que algumas atitudes poderiam ajudar a quebrar as ilusões que cultivamos todos os dias — e, em troca delas, ter a experiência de uma vida mais simples e serena.

A primeira dessas virtudes é a *coragem para mudar*. E não só no sentido mais simples da palavra, mas também para produzir a mudança, transformar o que precisa ser transformado. Saber até que ponto algo incomoda e ter a certeza, bem como a força, para fazer alguma coisa a esse respeito.

A segunda é a sabedoria para *reconhecer os limites da mudança*. Lembrar que há coisas que você simplesmente não vai poder mudar.

O mundo existe independentemente de nossa vontade, e não vai se adequar a nós. Esse, aliás, é um estágio fundamental no desenvolvimento cognitivo e ético do ser humano: aprender que o mundo não gira em torno de você, e o universo parece manter uma indiferença olímpica a respeito de muitas de suas atitudes. Alguns adultos parecem não ter passado por essa fase, e muitas vezes assumem comportamentos que refletem isso. Quando algo dá errado, sua reação é colocar a culpa em alguém, justificar o injustificável ou cultivar um amplo ressentimento contra quem ou o que considera culpado.

Por isso se pensa a felicidade dentro da perspectiva de otimismo crítico: cada uma e cada um de nós pode ser forte o suficiente para tentar mudar as coisas, e sábio o bastante para lembrar que as mudanças e as transformações têm limite. Evitamos a frustração se a mudança não ocorrer, e cultivamos a sabedoria para entender que nem tudo é possível mudar.

Por exemplo, às vezes temos a ilusão de que somos capazes de provocar a mudança em alguém ("puxa, vou tentar mudar essa pessoa"). É provável que isso não aconteça. Talvez esse esforço da mudança encontre um limite na sabedoria de entender que nem tudo é possível.

Aceitar o universo tal como ele é não é inércia, e sim uma forma de se recordar do limite dos nossos esforços. Só posso usar corretamente minha força se souber quais são seus limites, onde ela precisa ser cultivada e como fazer isso.

O propósito é encontrar a felicidade dentro das possibilidades atuais.

Perfeição, perfeccionismo

As pesquisadoras Katie Rasmussen e Jessica Troilo fizeram um estudo sobre o papel da família na formação de atitudes perfeccionistas. Trabalhando com base nos estudos de Paul Hewitt e Gordon Flett, mostram que o comportamento perfeccionista pode ter três principais direcionamentos:

- **Para os outros**: cria exigências irrealistas de perfeição de quem vive com você;
- **para si, ou auto-orientado**: quando as cobranças partem de você mesmo;
- **social**: o que você *acha* que outras pessoas vão pensar a seu respeito.

De acordo com as pesquisadoras, tanto o perfeccionismo auto-orientado como o socialmente orientado envolvem um alto nível de autocrítica e entendimento de si baseado em performance e resultados. Sua conclusão a respeito dos efeitos desse cenário é direta: "A depressão é um resultado provável."

Esse não é o único trabalho que mostra alguma associação entre felicidade e a vontade de ser perfeito.

Em uma pesquisa com estudantes de arte sobre perfeccionismo, o professor Rasim Basak mostrou algumas características da personalidade perfeccionista notada nas atitudes de sala de aula. Adaptando aqui o resultado de outra pesquisa de Hewitt e de Flett, podemos imaginar algo parecido em diversas outras situações:

- Preocupar-se demais com a percepção dos outros a seu respeito;
- sentir ciúmes quando alguém faz algo melhor;
- sensibilidade excessiva a erros; autoavaliações rigorosas;
- estabelecer padrões irrealistas e esforçar-se para atingi-los;
- ver um projeto concluído como não concluído;
- tudo ou nada: se não for um sucesso total, é um fracasso;
- concentrar-se nos detalhes sem notar o todo; atenção seletiva;
- problemas com gestão e organização do tempo; indecisão, procrastinação;

- pouco gosto pelo processo e preocupação excessiva com resultados;
- mudanças de humor e expressão de angústia durante as tarefas;
- baixa autoestima.

A vida interior plena é uma vida na qual você se dá o direito de rir, de chorar, de ter os seus momentos de alegria e de felicidade tanto quanto os momentos de tristeza e, por que não, de solidão. Mas também o direito de pensar no que a sua vida tem de potência.

Vários autores alertam para o fato de precisarmos ficar sozinhos com nós mesmos. Isso não é errado, não significa que você não gosta dos outros. Ao contrário, para conviver com os outros, em primeiro lugar, antes de conhecer o outro, é preciso conhecer a si mesmo. Isso não é de uma hora para a outra. Você não pensa de repente "nossa, vou parar rapidinho para pensar na minha existência por cinco minutos".

Conhecer isso é resgatar uma ideia mais ampla de felicidade, sem cair na armadilha de transformá-la em sinônimo de perfeição. Como, aliás, vamos ver com detalhes nas próximas páginas.

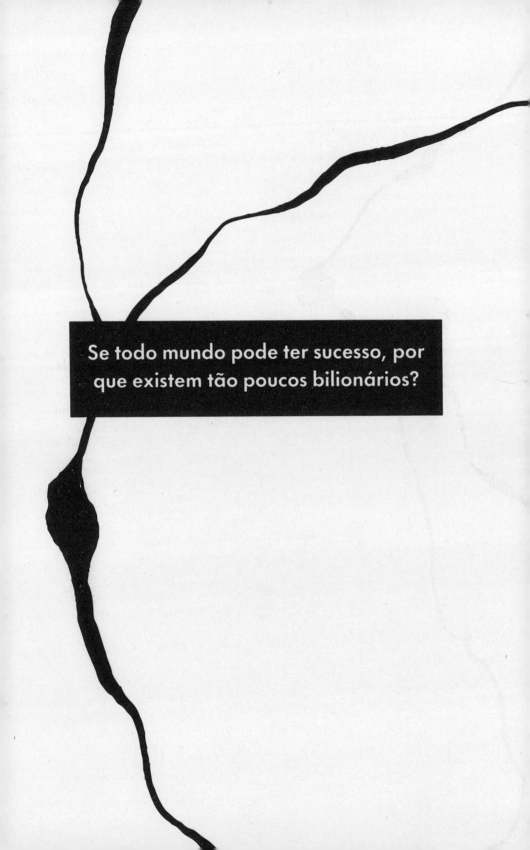

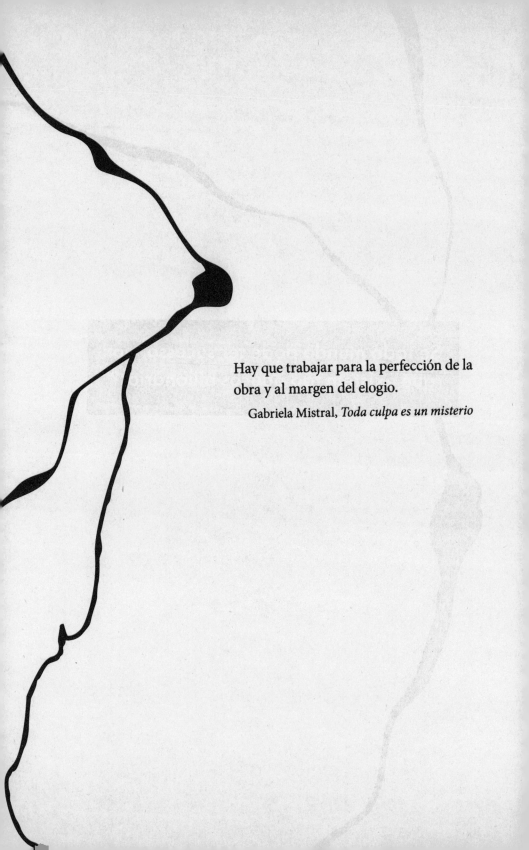

> Hay que trabajar para la perfección de la obra y al margen del elogio.
>
> Gabriela Mistral, *Toda culpa es un misterio*

As armadilhas de uma ilusão

Esta história foi contada por uma amiga, analista sênior numa multinacional.

Era aniversário da empresa, e a comemoração foi uma semana de capacitação, com atividades e palestras. No último dia, o encerramento foi em um auditório famoso, com capacidade para mais de quatrocentas pessoas. A palestrante era uma empresária, diretora de uma rede conhecida e respeitada no Brasil e no exterior. No final, depois de contar sua trajetória, ementou: "O sucesso é questão de escolha. Eu escolhi o sucesso. Você também pode escolher."

Foi vivamente aplaudida e abriram um tempo para perguntas. Uma pessoa levantou a mão:

"Como uma operária, no chão de fábrica, pode chegar aonde você chegou?"

A pergunta foi recebida em silêncio quase total pelo auditório, exceto por algumas risadas e comentários abafados, até ela responder:

"Não tem desculpa para não conseguir. Qualquer pessoa pode chegar aqui. Ela só tem que escolher. O sucesso é uma escolha, ela tem que escolher o sucesso."

Mais aplausos, algumas perguntas, a conversa terminou por ali.

Mas é possível escolher o sucesso?

Para responder essa pergunta, vamos fazer um experimento mental.

Um experimento com Mozart

Experimentos deste tipo ajudam a imaginar as consequências de determinadas situações, ainda que não sejam reais. Só para você ter uma ideia, cientistas como Albert Einstein e Erwin Schrödinger utilizaram procedimentos parecidos; nas ciências humanas, Platão, Christine de Pizán e Thomas More seguiram caminhos semelhantes. Se aprendemos com eles, podemos arriscar um experimento aqui, inspirado no texto *Um teto todo seu*, da escritora britânica Virginia Woolf.

Imagine, por um momento, que reencarnação existe. Podemos, só para fins do experimento, deixar de lado as discussões, sutilezas e complexidades dessa questão e pensar o seguinte: o compositor austríaco Wolfgang Amadeus Mozart reencarnou na periferia empobrecida de uma grande cidade brasileira. Considerado um dos maiores músicos da história, renasce numa situação de alta vulnerabilidade social. Deixo a seu critério pensar nas condições exatas. Como seria sua vida? Tomando como ponto de partida, aqui no experimento, que ele nasceu com o mesmo talento de sua outra vida, quais as possibilidades de ele ser, novamente, músico?

A julgar por alguns discursos que circulam na sociedade, em vídeos, posts de redes sociais ou alguns nichos da literatura, essas condições talvez não tenham tanta importância: bastaria Mozart acreditar em si, seguir seus sonhos e lutar para realizá-los e, em algum momento, o sucesso estaria à sua porta. Esses itens, sem dúvida, são importantes. Por outro lado, ao que parece, estão longe de ser o suficiente.

Em quais condições Mozart poderia estudar música? Ou mesmo estudar? Os índices de desenvolvimento e escolaridade no Brasil mostram uma pirâmide de abandono dos estudos relacionado às condições sociais. Até que ano Mozart estudaria? Conseguiria se formar no ensino médio?

"Ah, mas, se ele quisesse, ele conseguiria", alguém pode dizer.

É, existe uma possibilidade. Certamente ele poderia entrar em algum projeto social voltado para música e desenvolver novamente todo seu talento. É possível acompanhar resultados que mostram a potência e a energia das pessoas mesmo diante das condições mais adversas. Ao longo dos anos, tive a oportunidade de ver de perto algumas dessas histórias, e isso certamente reforça a esperança — se eu não tivesse esperança, não seria professor.

Mas nem por isso vamos deixar de prestar atenção nas condições necessárias para isso acontecer. Mozart poderia novamente desenvolver seu talento musical. Mas, para isso, precisaria de uma bolsa de estudos, a família teria de concordar, não poderia haver a necessidade de trabalhar nem ser arbitrariamente preso ou morto e, por fim, necessitaria de cadernos de música e partituras. Ah, claro, e instrumentos musicais para praticar as muitas horas por dia necessárias.

A esta altura talvez fique um pouco mais difícil continuar sustentando, de maneira incondicional, algumas ideias em circulação, como "quem sabe faz a hora", "quem quer faz acontecer", "é preciso confiar e ter garra". Algo não encaixa.

"Nossa, que cenário triste. Não pode dar um pouco de esperança?"

Posso dar muita esperança. Fazer um *diagnóstico* não é dizer qual será o *prognóstico*. Identificar um problema não significa que a situação vai ser assim para sempre. Ao contrário: conhecer é um passo importante para mudar.

QUANDO VOCÊ PARA DE SE APAIXONAR POR ILUSÕES, APRENDE A AMAR A REALIDADE.

Uma esperança crítica é aquela que olha para o mundo sem medo de pensar nas transformações da realidade. Para isso, precisamos deixar algumas ilusões pelo caminho e olhar para as condições ao nosso redor. Não há determinismo na sociedade, isto é, as coisas não *têm que* ser de um modo ou de outro — e, se há escolha, há esperança.

Há projetos sociais de ensino de música — para encerrar a história — nos quais crianças e jovens têm a oportunidade de desenvolver seu talento e conseguir melhores condições de vida. A educação não é algo voltado apenas para uma melhoria financeira, embora isso também importe, mas também para o cultivo da dignidade da pessoa. Mozart, participando de um projeto desses, teria algo fundamental, que geralmente escapa dos discursos sobre realização e sucesso: *oportunidade*.

Histórias de sucesso, como as que podemos encontrar em vídeos motivacionais ou posts inspiracionais nas redes, costumam mostrar o percurso de quem conseguiu triunfar em alguma área, destacando como a pessoa lidou com dificuldades, enfrentou desafios, assumiu riscos e, mesmo tendo cometido erros e fracassado em algum momento, soube dar a volta por cima e atingir seus objetivos. Expressões como "confiança", "acreditar", "lutar", "sonho", "batalhar" e "não desistir" povoam esse tipo de discurso. E, não custa repetir, podem ser pontos importantes.

No entanto, além de deixar de lado as condições para tornar isso tudo realidade, o mérito é colocado sobre o indivíduo, muitas vezes apresentado como exemplo do que os outros podem fazer, algo como "se eu consegui, todo mundo consegue". Embora possa estar revestido de solidariedade, mostrando que ninguém é melhor do que ninguém, frases desse tipo não realçam um ponto fundamental: a trajetória e a situação de cada um.

Faz diferença, digamos, ter suporte emocional e financeiro de uma família ou precisar enfrentar situações de violência psíquica e social; estudar em um colégio bilíngue e ter experiências de intercâmbio ou numa escola precarizada; aprender outras línguas, ter seu próprio *tablet* com quatro anos de idade e ser cuidado por uma babá enquanto os pais trabalham ou ser a filha da babá e ficar, desde os dois meses de vida, numa creche.

(Evidentemente é fundamental observar as circunstâncias de cada caso, sem levantar um dedo acusador em qualquer direção. É possível traçar linhas gerais, mas cada pessoa sabe das lutas que vai enfrentar quando acorda de manhã cedo.)

Pensando em tudo isso, a frase poderia ser reescrita para "se eu consegui, todo mundo, *desde que tenha as condições que eu tive*, consegue".

Mas esse modo de pensar tem outro efeito colateral.

O avesso do discurso de sucesso é a responsabilização do indivíduo por condições alheias à sua vontade. Segundo esse discurso de sucesso, a pessoa não soube ou não conseguiu enfrentar porque não teve força, não perseverou o suficiente, não acreditou em si mesma ou desistiu muito rápido — ao contrário dos vencedores, que nunca desistem. Se o sucesso só depende de você, pela lógica, o fracasso também é *culpa sua*.

Isso projeta no indivíduo toda a força das condições sociais sobre as quais raramente se tem algum controle. Espera-se que a pessoa assuma a responsabilidade por situações fora de seu alcance. Sucesso e fracasso são individualizados, creditados ao esforço (ou à falta dele) de cada pessoa. Do lado dos poucos bem-sucedidos, isso reforça a imagem de superação, conquista e sucesso; para todos os outros, culmina numa sensação de culpa por não ter conseguido — facilmente transformada em ressentimento, vergonha ou depressão.

No livro *Sociología de la felicidad* [Sociologia da felicidade, em tradução livre], a pesquisadora argentina Cecilia Arizaga sintetiza isso. "O culto ao desenvolvimento pessoal, a exigência de iniciativa individual e a ideia de não alcançar as expectativas promovem sentimentos de incapacidade que levam à imobilidade: não poder fazer nada diante de tanta demanda", escreve ela.

A culpa, ao que tudo indica, pode ser um amplo fator motivacional para a perfeição. O custo, no entanto, é alto — a ansiedade de uma permanente insatisfação com você mesmo, tornado o centro, começo e fim de todas as suas ações. O discurso do sucesso, embora possa ter um aspecto inspirador, carrega consigo um subtexto complicado: se qualquer um pode conseguir, mas você não, então o problema é *você*. Só podemos especular a respeito dos efeitos desse tipo de discurso na mente de cada pessoa, mas os índices crescentes de ansiedade e depressão aparecem como um dado importante nesse processo.

Os números do sucesso

Um outro efeito do discurso diz respeito a uma questão matemática.

Se todo mundo pode alcançar o sucesso e a realização pessoal e profissional, por que há tão poucos bilionários? E por que há tantas pessoas que não se consideram felizes? Esse é um dos pontos de maior sutileza nesse discurso. Ele promete que qualquer pessoa pode alcançar o sucesso, mas raramente menciona *quantos* conseguiram. A maioria vai ficar pelo caminho, eventualmente despreparada para lidar com isso se estiver ligada a um discurso focado no sucesso. Ao tomar exceções e casos isolados como exemplos, cria-se uma ilusão de facilidade, sem levar em conta, na ponta do lápis, qual é a chance de alguém repetir esse sucesso.

Tal discurso costuma misturar *possibilidade* com *probabilidade*. Existe a possibilidade de você ser abduzido por naves marcianas enquanto está lendo este livro, mas a probabilidade é próxima de zero (na dúvida, feche a janela). Do mesmo modo, um novo influenciador nas redes sociais tem a possibilidade de ser o próximo grande nome da internet, com milhões de seguidores, viralizando, chamado para fazer a publicidade de grandes marcas. No entanto, é difícil de calcular quantos, de fato, conseguirão isso.

Todo mundo pode, mas, estatisticamente, poucos conseguem. Esses números parecem sugerir um problema: ou uma boa parte das pessoas não consegue adquirir as qualidades necessárias para usufruir desses benefícios prometidos, ou há alguma coisa mais complexa nesse tipo de discurso.

Nesse cenário, a esperança desempenha um papel fundamental. Assim como em um jogo, a promessa de uma vida perfeita trabalha na expectativa da possibilidade — "na próxima eu ganho"; "agora é minha vez".

Para funcionar, esse discurso se baseia numa perspectiva semelhante à da crença: mesmo contra todas as evidências, você *acredita* em seu sonho, *crê* nessa possibilidade. O contraponto é proporcional, na forma da culpa: "não me esforcei o suficiente", "puxaram meu tapete", "a economia não anda bem" e assim por diante. O apego à crença, quando é desmentido pelos fatos, tenta encontrar algum responsável, seja a própria pessoa, os outros ou alguma circunstância específica.

Circunstância, não condições: olhar para essas condições poderia diminuir a força da crença. Essa esperança pode ser renovada indefinidamente enquanto a pessoa tiver fôlego para sustentar tal imagem.

Há algum tempo, em um bairro de classe média alta de São Paulo, parei numa lanchonete para tomar um café entre uma atividade e outra. Logo depois entrou um rapaz, bem jovem, de terno e gravata. No bolso do paletó, um crachá com foto, seu nome completo e uma logomarca, que pareciam "DD" bem desenhados, mas inicialmente não consegui distinguir (só depois notei que dizia "Davi Doces"). Na mão, uma caixa de plástico com brigadeiros embalados em forminhas coloridas. Ele passava de mesa em mesa, recebendo graus variados de atenção. Na maioria, era dispensado imediatamente com um gesto rápido de mão ou balançar de cabeça. Raras as vezes em que as pessoas olhavam para ele enquanto falavam. Numa mesa próxima da minha, as pessoas pararam sua conversa para escutá-lo.

— Boa tarde — ele começou —, meu nome é Davi e sou empreendedor. Sou empresário no ramo de venda de doces. Vou estudar administração em Harvard e estou começando a juntar o dinheiro para isso. Aceitam um brigadeiro? Tem ao leite, meio-amargo, de morango e vegano.

Uma pessoa da mesa fez uma pergunta. Não escutei, mas adivinhei pela resposta:

— Cinco reais, pagamento em dinheiro, cartão e Pix.

Duas ou três pessoas compraram, ele agradeceu e, antes de chegar à mesa seguinte, um funcionário do lugar pediu ao rapaz para sair.

O alcance do discurso sobre o sucesso está ligado, mostram alguns estudos, às mudanças provocadas na autoimagem das pessoas. Há, inicialmente, uma transformação positiva na representação de si (por isso é muito difícil fazer qualquer julgamento moral a respeito desse discurso, dizendo se ele é "bom" ou "ruim" em si). Essa mudança tem como característica alterar o significado atribuído pelas pessoas às situações onde se está.

Em termos mais técnicos, ela mudou o *enquadramento* da situação.

O enquadramento pode ser definido como o conjunto de referenciais usado para definir uma situação. Como numa pintura, o enquadramento é uma espécie de "moldura" utilizada para entendermos o que está acontecendo naquele dado momento. A ideia foi criada pelo sociólogo canadense

Erving Goffman, em 1974, e até hoje é utilizada para mostrar como nossas expectativas definem a realidade.

No plano individual, se ver como empreendedor em busca de um objetivo mais amplo abre a possibilidade de uma autorrepresentação mais positiva.

Entender a si mesmo como uma pessoa revestida de uma dignidade inalienável é fundamental para a construção da própria identidade.

Em termos sociais, por outro lado, é possível perguntar o quanto essa mudança de enquadramento está apta a gerar alterações reais numa condição ou, de certo modo, se limita a justificá-la.

O poder de se apresentar como empreendedor é uma afirmação do sujeito como participante do mundo, como membro de uma comunidade na qual sua atividade é revestida de consideração e importância. E esse reconhecimento é essencial aos próprios olhos, bem como para a representação nos espaços onde se vive. Ao mesmo tempo, reproduz uma lógica que, em certa medida, pode tirar o foco de dificuldades reais, deixadas de lado por esse discurso. (Perceba que não há "certo" ou "errado" nessa história, mas pontos a olhar com atenção.)

A anuidade do curso de administração na Universidade de Harvard é US$ 54.269,00.

Em valores aproximados de 2023, isso equivalia a cerca de R$ 275 mil.

Ou cerca de 55 mil brigadeiros.

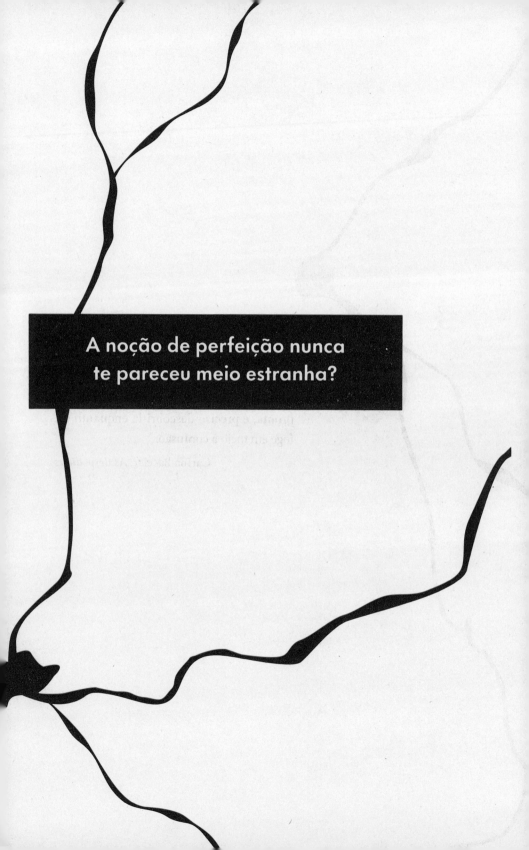

A noção de perfeição nunca te pareceu meio estranha?

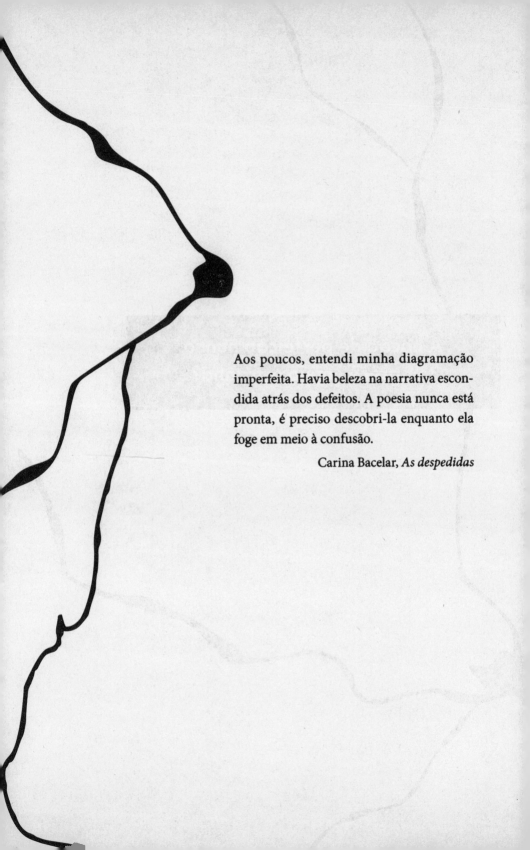

> Aos poucos, entendi minha diagramação imperfeita. Havia beleza na narrativa escondida atrás dos defeitos. A poesia nunca está pronta, é preciso descobri-la enquanto ela foge em meio à confusão.
>
> Carina Bacelar, *As despedidas*

Breve história de uma ideia

HÁ CERCA DE TREZENTOS ANOS, A PERFEIÇÃO DESCEU DOS CÉUS E dos espaços da arte para se tornar um padrão do cotidiano. E essa história parece ter mudado o modo como vivemos. A ideia de perfeição, tal como conhecemos e vivemos hoje em dia, é uma invenção relativamente recente. Ela data, no máximo, do início da Modernidade, que boa parte das pesquisas situa por volta do século XVIII. Em linhas gerais, nesse período a noção de "perfeição" deixou de ser associada à arte e, sobretudo, à religião e começou a ganhar os contornos atuais.

A pesquisadora Ina Juva aponta em sua tese de doutorado que o termo "normal" tem uma história recente. Ele começou a ser usado no século XVIII, na França, mas só se popularizou mesmo em meados do século XIX. "Antes desse período, o corpo humano não era entendido em termos de norma ou normalidade, mas em termos de ideal."

Vale a pena conhecer esse percurso, sobretudo porque ela mostra um giro importante em nossa maneira de ver o mundo, com consequências se desenrolando até hoje.

A arte de encontrar a boa vida

Imagine, por um momento, que viagens no tempo são possíveis e que, com a ajuda de alguma invenção espetacular, você conseguiu voltar para a cidade de Atenas, na Grécia Antiga. O lugar foi um dos berços do que viria a ser a civilização ocidental. Colocando o relógio do tempo para dois mil e quinhentos anos atrás, mais ou menos, você chegaria a uma cidade florescente, grande e movimentada para os padrões de sua época. Muito do que conhecemos hoje, como o teatro, a arquitetura, a ciência e a filosofia, estava sendo inventado, ou consideravelmente aperfeiçoado, nesse período. A cidade seria movimentada, com gente andando de um lado para o outro entre ruas, passando por templos dedicados a deusas e deuses do Olimpo.

(Outra versão da história, bem menos vibrante, seria contada do ponto de vista de mulheres, estrangeiros, crianças e pessoas escravizadas, relegadas a um lugar marginal nesse cenário.)

Algo talvez chamasse sua atenção: existiam pessoas dedicadas a ensinar a arte do bem viver. Elas se preocupavam em encontrar a melhor maneira de levar a vida e compartilhavam suas ideias a esse respeito com quem estivesse interessado em ouvir. Para isso, procuravam cultivar uma relação especial com o conhecimento, com o objetivo de melhorar a vida humana, permitindo a cada pessoa se realizar em todas as suas potencialidades. E o único caminho para isso era a reflexão a respeito da maneira como se vivia.

Essas pessoas procuravam se aproximar do conhecimento de maneira leve e aberta, como se estivessem diante de uma amiga. Eram *amigas da sabedoria* — em grego, *philos*, "amizade", e *sophia*, "sabedoria". A filosofia, isto é, a amizade pela sabedoria, não era entendida, como talvez aconteça hoje em dia, como uma profissão, um curso universitário nem obras escritas numa linguagem pouco acessível para quem não tem formação (às vezes, nem para especialistas).

Ser amigo da sabedoria era procurar, todos os dias, tornar a vida interessante, colorida e digna de ser vivida. Para isso, todas as questões eram bem-vindas, nenhuma pergunta era proibida. O mundo era revestido de um mistério para que cada momento tivesse sua descoberta. Não era o olhar de quem sabe, mas de quem quer saber.

Note uma diferença importante: nessa visão original, o orgulho não é o saber, mas o *não saber*. Tomar consciência do que *não se sabe* é a primeira atitude filosófica em relação à vida.

Sabe por quê?

Porque o desconhecido estimula o conhecimento. A descoberta, a vontade de ir além, de saber o que tem logo depois do horizonte, surge quando assumimos uma postura de reconhecer o *não saber*, transformado na curiosidade de aprender. Quando interrogamos o mundo como se ele estivesse diante de nós pela primeira vez, conseguimos ver outros ângulos da realidade, perspectivas diferentes para encontrar o que sempre esteve diante de nós. Esse olhar inaugural sobre a realidade, sem medo de colocar perguntas básicas, era um ponto de partida para encontrar a melhor maneira de viver a vida.

Só conseguimos aprender quando nos recordamos, veja só, da *imperfeição* de nosso conhecimento. Quando temos consciência da eternidade que *falta* para aprender.

Como professor e orientador de pesquisas universitárias, conversei ao longo dos anos com centenas de estudantes com os mais diversos interesses de estudos. A maioria das pessoas chegava com perguntas e, nas reuniões iniciais, assumíamos um *não saber* a partir do qual a pesquisa seria desenvolvida. O interesse era *perguntar*. Geralmente o resultado era muito gratificante — a pergunta era respondida e, dela, surgiam novas questões.

Em alguns raros casos, no entanto, a pessoa chegava com as perguntas *e* as respostas: seu interesse não era aprender, mas *confirmar* um ponto de vista, às vezes próximo do lugar-comum ("jovens não querem saber de nada"; "a mídia manipula as pessoas"). Suas ideias eram apresentadas como uma explicação perfeita, e não admitiam pontos de vista contrários. E, em geral, no decorrer da atividade, a pessoa deixava de lado a busca pelo conhecimento para reforçar, cada vez com mais convicção, seu ponto de vista (um indício, talvez, de que ela já não estava acreditando tanto no que dizia).

Essa diferença, a princípio sutil, tinha grandes consequências no resultado final.

Na Grécia Antiga, o olhar das pessoas amigas da sabedoria, portanto, era voltado para a descoberta e para o conhecimento. E, vale lembrar, essa noção de "conhecimento" era bastante ampla, indo desde perguntas sobre a natureza ("Como o universo se formou?"; "Por que a natureza muda?") até problemas da vida em sociedade ("É possível ensinar a virtude?"; "O que é a justiça?"). Os *Diálogos* de Platão, em boa medida, mostram seu mestre Sócrates passeando por Atenas e fazendo perguntas voltadas, entre outros aspectos principais, para encontrar o caminho de uma boa vida (ao que parece, Sócrates nunca trabalhou, assim como muitos filósofos nos séculos seguintes).

A LIÇÃO QUE FICA: O OBJETIVO DIGNO E VALIOSO ERA ENCONTRAR UMA BOA VIDA, NÃO A VIDA PERFEITA.

A ideia de perfeição, na Grécia Antiga, não existia tal como a conhecemos hoje. Só podemos especular o que uma filósofa como Diotima, mestra de Sócrates, falaria sobre nossa preocupação em construir uma vida perfeita pautada no consumo e na satisfação. Talvez o conceito simplesmente não fizesse sentido para ela: por que alguém procuraria a perfeição em algo em constante mudança como a vida humana?

As divindades gregas também estavam longe de ser imagens da perfeição. Na mitologia grega, vemos deusas e deuses com comportamentos, atitudes e paixões bem humanas. Eles erram, se arrependem, fazem coisas de maneira impulsiva, têm seus favoritos e seus inimigos, sentem raiva, inveja e amor. Mesmo sua aparência física, em alguns casos, estaria longe dos padrões de perfeição contemporâneos. As coisas no Olimpo, a morada mítica das divindades, estavam longe de serem tranquilas. Deuses, naquela época, eram tudo, menos exemplos de perfeição.

Em sua busca pela boa vida, isto é, uma vida digna de ser vivida, os gregos desenvolveram um conceito que merece ser retomado: a ideia de *excelência* ou, no seu vocabulário, *arethê*.

A *arethê* se diferencia da ideia moderna de perfeição em mais de um aspecto. Primeiro, por se tratar não necessariamente do "melhor", mas do "melhor possível". Segundo, por não ser algo dado e pronto, mas resultado de um processo contínuo de melhora do ser humano em relação ao que se era no instante anterior. A *arethê* não era um estado final, mas uma busca contínua.

A tradução para o latim talvez deixe a ideia mais próxima da concepção contemporânea: *virtude*.

"Mas virtude não é algo ligado à religião, algo como ter boas qualidades?", você pode perguntar.

É verdade. Atualmente, essa palavra às vezes é acompanhada de uma certa perspectiva moral ou religiosa, e essas dimensões têm sua importância. Em geral, associamos a noção de "virtude" às qualidades morais de uma pessoa, digamos, sua capacidade para ajudar os outros ou sua dedicação a uma causa importante. "Virtude" acabou associada ao "bem" ou, indo um pouco mais longe, a "fazer o bem". Isso não está errado e, de certa forma, realmente faz sentido encontrar alguma associação entre esses conceitos.

No entanto, em sua origem, a ideia de virtude se refere à força que a pessoa tem para se desenvolver, tanto em termos físicos quanto na vida intelectual e na relação com os outros (*virtus*, em latim, significa "aquilo que tem força para se realizar" ou "forte o suficiente para acontecer", por isso *virtual* é o que *pode* vir a ser).

Mas a virtude, para existir, precisa ser cultivada o tempo todo. Assim como é necessário realizar exercícios físicos constantes para manter o corpo em forma, na excelência do possível para cada pessoa, a busca por uma boa vida requer atenção o tempo todo. O exercício constante da virtude e a busca pela excelência são os caminhos encontrados, desde muito tempo, para viver uma boa vida.

A convivência em sociedade requer algum grau de solidariedade e ajuda mútua. Todas e todos dependemos uns dos outros para sobreviver, desde o momento do nascimento. Uma boa vida em sociedade, portanto, depende da força — da virtude — de cada pessoa para colaborar com o todo de sua comunidade (por isso alguns associam "virtude" a "fazer o bem").

Note algo importante: a virtude e a excelência não são *meios* para se chegar a uma boa vida, elas *são* a boa vida. Os gregos sabiam de algo que esquecemos hoje em dia: a vida precisa ser boa *agora*, isto é, digna de ser vivida em cada momento, não projetada para um futuro imaginário, sempre distante, no qual *finalmente* será boa.

Tornar-se quem você é

"Certo", você poderia perguntar, "mas em que a virtude me ajuda a viver bem?"

Resposta curta: a busca pela excelência, em cada momento, é a realização daquilo que você é, além de prepará-lo para ser melhor da próxima vez.

Resposta longa: quando você entende que a excelência é um processo contínuo de *busca*, é possível notar que sempre haverá uma *falta* — afinal, em termos lógicos, você só busca o que não tem. A noção grega de virtude, ou de excelência, incorpora a falta, a ausência, o incorreto e a imperfeição como condições da busca humana por uma vida boa, a ser vivida com dignidade.

O desespero contemporâneo pela perfeição pareceria seriamente incompreensível para a mentalidade da época grega. Tentar rejuvenescer, por exemplo, talvez fosse visto como algo próximo do estranho. O corpo humano envelhece, isso é um fato, e há transformações inevitáveis. Tentar escapar do inevitável pareceria, a uma pessoa amiga da sabedoria, uma contradição terrível, que só poderia levar à infelicidade. Por outro lado, nada impede alguém de tentar viver plenamente as várias fases de sua vida, encontrando, em cada uma, o que pode ser feito de melhor — a excelência de cada momento, a virtude possível do instante.

Na verdade, os gregos tinham uma palavra, um pouco sombria, para se referir a uma ideia próxima da perfeição. Quando alguém se sentia muito acima dos outros por conta de suas realizações, feitos ou conquistas, a ponto de perder o medo de errar, isto é, de olhar para sua condição humana, ela estava na *hubris*.

Essa palavra poderia ser entendida como "orgulho", mas numa escala desmedida, responsável por levar a pessoa a desprezar os adversários e a esquecer os próprios limites (algo próximo desse sentido pode ser visto quando dizemos que alguém "está se achando" ou quando um time de futebol entra em campo de "salto alto"). Na mitologia, deusas e deuses muitas vezes davam um jeito de derrubar a pessoa tomada pela *hubris*, e o castigo — geralmente a queda — vinha logo.

Um corpo ideal, quando existia, pertencia aos deuses e aos personagens míticos. "Não era possível ao humano atingir o ideal. Em outras palavras, ninguém era ideal, exceto os deuses", explica Ina Juva em sua tese.

A perfeição contemporânea talvez parecesse, na concepção dos deuses gregos, uma desproporcional medida da *hubris* em grande escala, com o castigo vindo logo atrás — o desespero da busca sem fim. Essa concepção daria um salto profundo na Idade Média, com o advento e a consolidação do cristianismo já no final da Antiguidade, no mundo romano.

E a queda seria igualmente espetacular.

Diante do céu noturno

Você já viu um céu completamente estrelado numa noite sem nuvens? Nas capitais e grandes cidades em geral, a poluição e a iluminação são fortes o suficiente para diminuir muito a percepção do céu, e, em alguns casos, é raro ver estrelas, mesmo quando o tempo está um pouco mais firme.

Contudo, um pouco mais distante desses centros, é difícil ficar indiferente ao efeito das estrelas espalhadas de um canto ao outro do horizonte. (Anos atrás, quando morei em Norwich, na Inglaterra, quase congelei numa noite de janeiro, com temperatura negativa, olhando o céu, maravilhado, enquanto observava o aglomerado das Plêiades pela primeira vez na vida; para minha sorte, minha esposa, Anna, me arrastou para dentro de casa.)

Esse deslumbramento parece atravessar épocas. No fim do século XVIII, o filósofo alemão Immanuel Kant escreveu, em *Crítica da razão prática*:

"Duas coisas nos enchem sempre e mais uma vez de espanto: o céu estrelado sobre nós e a lei moral interior." E essa ligação estava longe de ser gratuita.

Durante a maior parte da história da humanidade, esse céu estrelado era estranhamente desafiador. Enquanto, na terra, as coisas mudavam o tempo todo, impérios eram criados e conquistados, colheitas cresciam ou falhavam, pessoas, plantas e animais nasciam e morriam, o céu continuava lá. Noite após noite, em ciclos que podiam durar dias, meses ou mesmo décadas, tudo era parte de uma regularidade inexplicável. O contraponto de todas as agitações da vida cotidiana era a serenidade do cosmos. Ele era perfeito.

Não por acaso, desde a Grécia Antiga — ela de novo —, houve pessoas interessadas em descrever e explicar esse sistema perfeito por meio de modelos geométricos. Utilizando, é óbvio, formas exatas, como esferas, cubos, poliedros e outras figuras que, encaixadas, ofereciam uma concepção do movimento das estrelas e planetas ("planeta", aliás, vem do grego e significa algo como "estrela-que-se-desvia-do-caminho"). Essa perfeição só poderia ser obra de seres divinos, e muitos mitos de criação, de várias culturas, mostram indícios desse tipo de concepção: o cosmos era obra, ou a morada, de deusas, deuses ou seres com poderes especiais. A perfeição do cosmos, em sua calma imutável, era um indício da existência de criaturas superiores aos seres humanos.

Na concepção ocidental, esses modelos foram aperfeiçoados ao longo do tempo, dando origem a uma ideia mecânica do universo: a Terra estava no centro, cercada por seis esferas concêntricas nas quais ficavam, em ordem de distância, a Lua, o Sol e cada um dos planetas. Para além disso, ficava a sétima esfera, morada das divindades — e, mais tarde, no cristianismo, às vezes associada ao Paraíso (pouco usada hoje em dia, a expressão "estar no sétimo céu", empregada para descrever uma felicidade radiante, é derivada dessa concepção). Na Terra, tudo podia mudar; no céu, tudo era estável. A perfeição do cosmos não podia ser espelhada pela agitação da Terra, mas era um modelo a ser seguido e replicado.

Essa imagem do universo, embora não seja correta do ponto de vista científico, tem sua beleza e um crédito pela ousadia de imaginar uma geometria cósmica perfeita. Para o que nos interessa, esse último ponto foi determinante.

O cristianismo, predominante no Ocidente a partir do século IV, desenvolve e leva a ideia de perfeição para outro nível. Sem entrar nos detalhes, que nos levariam para outros domínios, vale recordar a associação entre uma noção de Deus como um ser perfeito e a ideia de sua localização no "céu" (na concepção comum da palavra, como em "ele foi para o céu"): a morada de uma divindade perfeita só poderia ser a perfeição do cosmos, fruto de Sua criação. Embora muitas e variadas imagens dessa noção de paraíso celeste tenham sido desenvolvidas, é possível encontrar alguns pontos em comum.

Um deles é a ideia de algo perfeito que está, de maneira literal e simbólica, acima das questões da Terra — o céu, identificado como local do Paraíso. Não o céu da meteorologia, o que hoje chamaríamos de "atmosfera", mas o lugar divino situado naquela última esfera do modelo citado anteriormente. Mantemos essa concepção, na linguagem de hoje, quando dizemos que algo está "divino" ou "excelente" — "excelente" vem de *ex-coelestis*, literalmente, "aquilo que veio do céu", do latim *ex*, "o que está fora" ou "foi tirado", e *coelestis*, "céu" ou "celeste". Dito de outra forma, "excelente" significa "aquilo que é um pedaço do céu".

Também há a ideia de perfeição como algo imutável. Enquanto na Terra tudo mudava, nos céus reinava uma ordem permanente. E, para seguir o exemplo dos céus, era necessário que a ordem das coisas, aqui embaixo, se mantivesse sempre dentro dos mesmos padrões.

No mundo ocidental, na Idade Média, essa concepção do universo imutável era um dos pilares da religião e da política: se o cosmos tinha uma ordem perfeita, que não poderia ser desafiada, a ordem das coisas na Terra deveria seguir esse mesmo princípio. O universo era perfeito, e os seres humanos poderiam muito bem tentar ser também.

Isso pode ter significado o momento de uma passagem do conceito de *virtude* como processo para a ideia de *perfeição* como finalidade. Como você lembra, a virtude era um fim em si, um esforço cotidiano para encontrar uma boa vida — mas para ser vivida neste mundo. A ideia de perfeição, dentro dessa concepção mais ampla do cosmos, coloca a virtude como um meio para atingir o paraíso *depois* da vida.

A perfeição, pela primeira vez na história ocidental, parece ter sido colocada ao alcance do ser humano como uma meta a ser atingida mediante esforço, sacrifício e perseverança. Em seu aspecto negativo, essa situação projetava duas sombras: a ansiedade por saber quem poderia atingir essa perfeição na vida eterna e a culpa pelas próprias falhas durante esse caminho.

A concepção de perfeição, vinda do cosmos e traduzida em termos humanos, se adequava em linhas gerais às questões políticas de sua época, na qual se acreditava que reis, nobres e outras lideranças políticas e religiosas eram escolhidos por Deus para governar os outros. A ordem social deveria espelhar a ordem do cosmos, e a perfeição de uma era um sinal da perfeição da outra. O questionamento voltado contra as condições dominantes não seria visto como a busca de uma vida mais justa e digna, mas como um ato de rebeldia contra as leis da natureza, visíveis noite após noite.

Essa concepção durou mais de mil anos, e só foi plenamente desafiada no fim da Idade Média e início da Idade Moderna, por volta do séculos XV e XVI. Além disso, está ligada a uma nova e revolucionária concepção do cosmos, proposta, em etapas diferentes, por três cientistas: Nicolau Copérnico, Galileu Galilei e Johannes Kepler.

A sequência foi rápida e, de certo modo, fatal para a ideia de perfeição: Copérnico começou indicando que o Sol, não a Terra, era o centro do universo; Galileu, por sua vez, mostrou que a Terra era apenas um planeta como os outros, sem nada de muito especial; Kepler, finalmente, demonstrou que as órbitas dos planetas não eram figuras geométricas perfeitas, mas elípticas e com variações de movimento. Eles não estavam apenas apresentando novas ideias sobre o universo; com suas afirmações, estavam derrubando toda a noção de ordem cósmica — e, por tabela, abrindo espaço para revoluções ainda maiores na ordem social.

As novidades sobre o cosmos, nos dois séculos seguintes, não pararam mais.

O universo não era o resultado perfeito de uma mente superior — era a natureza, operada por leis que poderiam, e estavam, sendo decifradas. A Terra não era o centro do universo, apenas mais um planeta, orbitando uma estrela que não é lá das maiores, mais ou menos esquecida na ponta de um dos braços de uma galáxia espiral — um tipo bem comum, aliás. O universo não era mais um modelo de perfeição; apenas estava ali para quem quisesse ver, assim como suas leis estavam diante de qualquer pessoa interessada em compreendê-las.

Você pode, com base nisso, entender melhor a surpresa e a reação, rápida e em grande escala, quando Copérnico, Galileu e Kepler, entre outros, a partir de estudos e observações, apresentaram outro modelo, agora pautado em critérios científicos, do Universo.

Evidentemente não se pode ir muito longe com esse paralelo. Essa concepção de perfeição espelhada no cosmos foi apenas um dos fatores ligados às transformações políticas e sociais que marcaram o fim da Idade Média e a consolidação da Modernidade, no século XVIII.

A IDEIA DE PERFEIÇÃO TINHA, LITERALMENTE, CAÍDO DO CÉU NO IMAGINÁRIO DO SER HUMANO.

Embora a ciência tenha desafiado a noção de um universo perfeito, alterando algumas concepções religiosas, a noção de perfeição continua forte no imaginário humano, mesmo estando mais restrita ao ambiente das crenças e religiões.

A perspectiva de que o ser humano poderia atingir um estado de perfeição, sendo necessário apenas esforço, dedicação e sacrifício, passa nesse momento por um deslocamento primário, que teria vários desdobramentos e ramificações: o ideal de perfeição passa a ser visto como algo possível *nesta* vida, a partir de sua associação com a felicidade, a alegria e a realização pessoal e profissional.

Ao olhar para o céu estrelado, o ser humano tinha visto uma imagem da perfeição no cosmos, e, durante mais de um milênio, tinha dirigido seus esforços para se aproximar dessa concepção. Mas, a partir do rápido e progressivo desmonte dessa concepção pela ciência, entre os séculos XVII e XVIII, as estrelas se tornaram apenas estrelas, e a imagem do mundo havia sido modificada.

A perfeição tinha descido à terra, e na Modernidade ela iria encontrar novos e inexplorados espaços: a tecnologia, os meios de produção e o mercado. Ficou a critério do ser humano decidir o que é a perfeição. E, como vamos ver a seguir, não perdemos tempo para fazer isso.

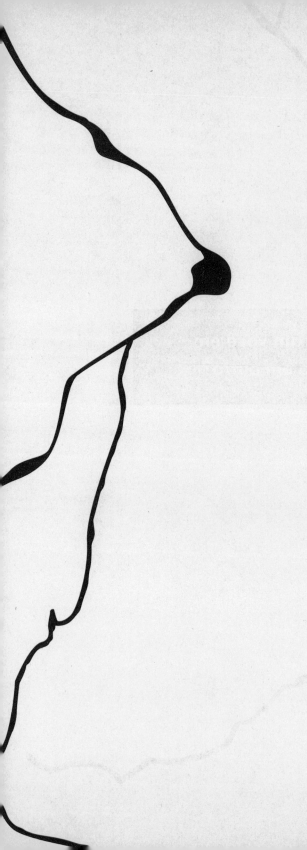

> Presa à partilha dos dias
> Separando pétalas de horas
> Pondo tudo em caixinhas
>
> Daniela Delias, *Alice e os dias*

Quem decide o que é perfeito?

Responda rápido: na escola, você era a baixinha da turma? Na hora de formar fila, se diziam "os mais altos atrás, os mais baixos na frente", qual o seu lugar? A pessoa alta, para quem todo mundo olhava e ria acompanhando seu caminho até a parte de trás? Ou a mais baixa, que já ia para a frente, sem muita opção? Nessas situações, você conferia para ver se alguém, só desta vez, poderia ocupar seu lugar? Quando alguém estava bem perto da sua altura, você media para desempatar? Ou propunha outra forma de escolher?

Isso coloca um primeiro e importante ponto: uma classificação, quase sempre, favorece quem classifica. Se a fila fosse organizada pela pessoa mais baixa, talvez ela sugerisse a organização em ordem alfabética; se alunas e alunos de uma sala forem escalados para uma prova em ordem alfabética, talvez "Ana" ou "Aarão" sugerissem a idade ou a altura como sendo o melhor critério. Toda classificação é uma relação de poder.

Por que é importante entender como classificações funcionam? Porque elas não são divisões neutras, criadas a partir de critérios universais e objetivos. Classificar é atribuir um *valor*, colocar as coisas dentro de uma escala hierárquica. Assim como em qualquer esporte, se posso fazer uma analogia, há posições mais altas ou mais baixas, de maior ou menor prestígio, e assim por diante.

Em termos acadêmicos, classificações não são apenas *taxonômicas*, isto é, relativas ao lugar de cada coisa; elas também são *axiológicas*, ou seja, lidam com os valores atribuídos a alguma coisa. Mas podemos simplificar isso.

Existem, certamente, critérios lógicos em toda classificação. É ótimo ir ao supermercado e encontrar o molho de tomate perto da seção de macarrão, e não de sabonetes. Ao mesmo tempo, a disposição dos produtos também está relacionada ao que se pretende que o cliente veja primeiro. Ao colocar alimentos complementares próximos uns dos outros, utilizamos uma classificação lógica; ao definir qual deles ocupará a prateleira principal, transformamos isso numa questão de valor, e não apenas o financeiro — "eye level is buy level" [compramos o que está ao nível dos olhos], segundo um provérbio inglês.

Vamos retornar à cena da fila na escola.

Ao perceber que sua posição numa das pontas da fila era inevitável, qual sua reação? Talvez isso não fosse um problema para você. Mas, para outras pessoas, a atenção não solicitada talvez provocasse um incômodo. Você estava sendo o centro das atenções não por algo que dependia de seu esforço ou ação, mas simplesmente por conta de sua altura. O posicionamento na fila, muitas vezes, acentuava essa sensação de embaraço devido ao modo como as pessoas eram nomeadas: "baixinhas" ou "altonas", naquele vocabulário, acompanhado de várias outras expressões que só reforçavam a classificação — você não estava na média.

Conforme a pessoa, isso poderia significar uma sensação de desconforto de tal ordem, que só restava pedir desculpas por existir daquele jeito. Isso não era feito de maneira literal, mas em um deslocamento estratégico: seu pedido de desculpas por existir era demonstrado na forma de uma risada, uma brincadeira autodepreciativa ou uma piada com a situação. Rir de si mesmo pode ser uma atitude muito saudável quando o objetivo é não se levar a sério demais; nesses casos, no entanto, o riso tinha outro direcionamento: aliviar, um pouco que seja, o constrangimento da situação.

"Você não está levando essa história muito longe? É só uma fila", você pode perguntar.

Sim, precisamos tomar esse cuidado.

No entanto, em situações cotidianas e aparentemente banais como essa é possível ver a força dos padrões colocados todos os dias sobre os ombros das pessoas. É na escala micro que a maior parte dos eventos da vida acontece, e esse tipo de classificação pode significar muito para algumas pessoas.

Até porque, casos como esse da fila podem ser encontrados em diversas outras situações. Em termos de peso, para trazer à tona uma das obsessões contemporâneas, "como você se definiria". Há todo um vocabulário de opções, desde as mais científicas ("obesa"; "com sobrepeso") até as mais cotidianas, às vezes com ligeiros deslocamentos de sentido ("gordinha"; "cheinha"). Podemos complicar mais e mudar a pergunta: você é bonita? Você *se acha* bonita? Você *foi* bonita? Em relação a quem? Ou a quais padrões?

Você pode sair pela tangente com comentários confortáveis como "ah, depende da pessoa", "cada um tem seu gosto" ou, talvez com certa dose de autoengano, "não ligo para o que os outros pensam".

Isso encerra a conversa, mas não resolve o problema.

Cada pessoa tem seu gosto, certo, mas você continua sendo a primeira ou a última da fila. Além disso, a repetição desse tipo de situação sugere que não se trata de fatos isolados, ligados à decisão deste ou daquele indivíduo, mas de questões mais amplas.

"Certo", você pode seguir em sua pergunta, "então é a sociedade que impõe esses padrões?" Esse comentário pode deixar a questão mais sofisticada, sem dúvida.

Dizer "a sociedade impõe um padrão" acrescenta um dado interessante, mas ainda não resolve o problema: "a sociedade" é, em um primeiro momento, muito abstrato: não foi "a sociedade" quem mandou você para o começo da fila por ser a mais baixa do grupo, foi uma professora ou professor; não foi "a sociedade" quem riu de você, foram colegas, pessoas reais. Ao fazerem um julgamento sobre sua aparência, atitudes ou modo de ser, elas estão aplicando *critérios* para classificar você de uma maneira ou de outra. É como se todas as pessoas tivessem, dentro de si, uma espécie de régua para medir todas as outras. Como se todo mundo soubesse qual é o padrão, o "certo" e, a partir daí, situasse todos os outros.

De onde vêm esses critérios? Quem define as classificações sociais? Como aprendemos que existe um padrão, ou uma média? Quem escolheu algo como "padrão"? E por que esses critérios seriam válidos?

Se você quer entender melhor como a noção de perfeição é inventada, precisamos começar por essas perguntas.

A vontade de classificar

Todos os dias, classificamos e somos classificados de acordo com critérios que, na maior parte das vezes, não são nossos. Na pressa do cotidiano, nem sempre temos tempo, disposição ou fôlego para olhar para esses procedimentos e se perguntar "Quem criou essa classificação?". Às vezes, estamos simplesmente cansados demais para questionar muito, e é mais prático aceitar algumas classificações, mesmo quando ela joga contra nós, do que ficar problematizando tudo. O cotidiano costuma ser rude o suficiente para inibir muitas perguntas a seu respeito.

E, no entanto, somos o tempo todo afetados por essas classificações. Não estamos fora do jogo: também utilizamos os mesmos critérios para encaixar as outras pessoas em categorias, classificando-as e posicionando-as de acordo com suas características pessoais ou profissionais. Parece que temos, como espécie e como sociedade, uma necessidade irrefreável de classificar para entender — e qualquer pessoa ou atitude fora dos limites estreitos das categorias que usamos é imediatamente colocada na categoria "estranha".

O melhor exemplo talvez venha de um lugar inesperado, um conto de fadas. *O patinho feio*, do dinamarquês Hans Christian Andersen, autor de outras histórias consagradas, como *A pequena sereia* e *A roupa nova do rei*.

"Um conto de fadas? Sério?", você pode perguntar, com um olhar de desconfiança.

Sim, um conto de fadas.

QUEM DECIDE O QUE É PERFEITO?

Histórias como essa, às vezes supostamente voltadas para crianças, são uma inesgotável fonte de conhecimento sobre culturas, valores e ideias. Examinadas mais de perto, revelam profundos medos, esperanças e expectativas, sedimentados durante séculos em nossa imaginação.

O conto, como você lembra, fala de um patinho que, logo ao nascer, é considerado muito feio pela mãe, que o rejeita de maneira violenta. Enquanto seus irmãos são exibidos como exemplos de beleza, ele é deixado para trás e obrigado a se esconder. Depois de um tempo, foge. Sentado à beira de um lago, como uma referência ao mito de Narciso, o patinho vê sua imagem na água, mas as ondulações fazem o reflexo desenhar uma criatura grotesca — sim, ele concorda, é muito feio.

Depois de um tempo, um grupo de cisnes o vê e, imediatamente, o reconhece como um dos seus. Ele não é um pato, é um cisne, e dos mais lindos.

Deixando de lado todas as ressonâncias psicológicas desse conto, podemos encontrar nele uma questão importante relativa às classificações. O valor de algo só aparece quando contrastado com o *critério* de classificação utilizado. Na categoria "pato", a criatura era considerada "feia"; quando, no entanto, há uma mudança no sistema de classificação, passa a ser "linda".

Isso parece ocorrer, muitas vezes, de maneira involuntária. Para Ina Juva, classificar algo como "normal" ou "não normal" é um processo em curso permanente. "Ao mesmo tempo", explica, "há algumas áreas nas quais a ideia de normalidade é mais durável, de acordo com o processo de construção desse conceito".

Por mais que tentemos deixar nossa mente disposta a não classificar, não categorizar, sem antes tentar entender melhor, parece quase impossível deixar de separar as pessoas de acordo com critérios. E eles ficam interiorizados em nós a tal ponto que, mesmo quando não estão valendo, agimos como se estivéssemos sendo classificados.

Na época em que estudei em Norwich, na Inglaterra, anos atrás, vivi uma situação dessas. Reunião com meu supervisor de pesquisa. Duas horas da tarde, sol brilhando, 9º C.

Quando cheguei à sala, trocamos cumprimentos, e ele me devolveu um texto, entregue na semana anterior. No alto, um número dois. Dois? Aquela era a nota? Dois? Quanto seria uma nota "normal" na Inglaterra?

A reunião começou com ele falando de outras leituras, enquanto eu não tirava os olhos do dois. "Se está tão ruim, por que só um comentário? Ok, deve ser educação."

"Se for 2 de 5? Ridículo", me perguntava. "Não, e se for 2 de 10? O sistema britânico de notas é sobre 5 ou sobre 10?"

Respondia suas palavras mecanicamente enquanto pensava naquela nota. Dois. Nunca tinha tirado dois. Dois.

Ele, muito simpático, encerrou a reunião:

— Prepare o próximo texto para segunda-feira, ok?

— Ok... Posso fazer uma pergunta? Essa nota dois é sobre cinco ou sobre dez?

— Nota? Ah, esse dois? É o horário da reunião. Marco nos trabalhos para não esquecer.

Aaaaaaaah, certo, entendi.

As coisas se resolveram bem.

Mas o assunto é um pouco mais complexo.

Para começar, raramente nos limitamos aos fatos objetivos. Nossas classificações não se restringem a esses critérios, em geral transformados em um pretexto para inserir alguém em julgamentos de valor — a pessoa não mede 1,50 metro ou 1,90 metro, ela é "baixinha" ou "alta".

Além disso, quando não há nenhum critério objetivo, como a altura ou o peso, os julgamentos de valor costumam ser ainda mais fortes. Exatamente porque não tenho dados sobre os quais me basear, preciso insistir muito nas classificações. Podemos ver isso no cotidiano quando julgamos o modo como alguém se veste. Não há, nesse caso, um critério objetivo. Não estamos discutindo o tamanho da roupa, o material ou alguma outra característica, mas, se ela é, digamos, "bonita" ou "elegante". Parece que você sabe, de maneira quase intuitiva, se a pessoa está bem ou malvestida. E é provável que muita gente do seu círculo concorde com você.

Como essas classificações são criadas? E, mais ainda, compartilhadas?

Classificar para ~~entender~~ julgar

Existe, ao que parece, uma base biológica para esse tipo de comportamento.

Nossa mente tem uma capacidade inata para organizar, ordenar e classificar tudo aquilo que vê, permitindo um rápido entendimento do cenário ao nosso redor. O cérebro reconhece padrões complexos com uma alta rapidez, permitindo que um número alto de dados seja rapidamente processado para tomarmos decisões. E não só com base nas informações imediatas, mas também no modo como relacionamos dados anteriores. Ao ver um mamute vindo em sua direção, um ancestral nosso da era do gelo o identificaria como "perigo" e "caça" ao mesmo tempo.

Conseguimos identificar objetos novos encaixando-os em categorias já existentes. Aprendemos a organizar o mundo em divisões para deixá-lo mais compreensível — e, quanto mais complexo ele ficava, mais segmentações nossa espécie inventou.

Esse processo foi fundamental para nossa sobrevivência. Nossos ancestrais, desde o tempo das cavernas, precisavam entender, com rapidez, o que estava diante deles — se uma planta era venenosa, se um animal era perigoso, ou se a pessoa se aproximando era amiga ou inimiga. Para tomar essas decisões em um tempo rápido, a natureza nos dotou de uma capacidade singular: conseguimos agrupar elementos semelhantes e separá-los daquilo que é diferente, com um alto grau de sutileza e complexidade.

Animais fazem isso, em algum grau, de maneira instintiva. Eles sabem o que é um alimento ou não. No entanto, isso acontece em limites definidos: um ornitorrinco sabe que alguns vegetais são comida e outros não, mas não vai muito além disso. Sua mente de ornitorrinco divide as plantas em "comida" e "não comida", sem se aventurar em problemas humanos como "isso pode virar comida" ou "hum, talvez isso fique bem gostoso frito".

No ser humano, o processo é qualitativamente diferente. As categorias que criamos nos ajudam a ordenar a realidade de modo a torná-la palatável. Isso também nos permite ir além, criando relações, seja entre os membros de uma categoria, seja entre categorias.

Mas isso pode estar ficando muito abstrato, e a imaginação pode ajudar a deixar as coisas mais simples.

Andando na Idade da Pedra

Imagine um ancestral seu, em torno de trinta mil anos atrás, no período Paleolítico ou, como é conhecido, "Idade da Pedra". Naquela época, os grupos humanos ainda não haviam descoberto a agricultura, e éramos basicamente nômades, caçadores e coletores. Vamos chamar seu ancestral de Guh, supondo que sua linguagem ainda não permitisse palavras longas.

Ele e seu grupo estão andando por uma savana quando encontram uma árvore nova, com frutos nunca vistos antes. Todos se aproximam da árvore. Sabem o que é uma árvore, sabem o que é uma fruta.

Em sua cabeça, Guh se lembra de que já comeu algo parecido, com cheiro, tamanho e sabor semelhante. E faz uma operação bastante complexa, muito além do que um ornitorrinco jamais faria: *se* aquela fruta era parecida com outra, *então* ela entraria não só na categoria *fruta* ("coisa-na-árvore"), mas também em *comida* ("coisa-na-árvore-fome") e, melhor ainda, *saborosa* ("coisa-na-árvore-fome-bom"). Junto com as outras pessoas de seu grupo ("pessoa" é um conceito relativamente moderno, mas vamos facilitar a vida), senta-se ao redor da árvore e aproveita as frutas. Talvez seja possível até mesmo passar a noite ali. O lugar é relativamente protegido e ninguém avistou animais perigosos.

Mas Guh ouve um ruído de movimento de folhas. "Ruído", naquele momento, era classificado como "perigo", e ele fica alerta. Uma figura humana se aproxima. Guh olha e vê um ser parecido com ele, vestindo uma pele de animal, com um colar feito dos dentes do bicho. Eles se viram dias atrás, quando os dois grupos se cruzaram pela região. Eles tinham se saudado e ninguém atacou ninguém. Por isso, Guh classifica a outra pessoa como "inofensivo" ou até mesmo "amigo". Olhando mais de perto, reconhece alguém que respondia ao som de Meh. Esse devia ser o seu nome. Eles se saúdam novamente, como da outra vez — a classificação amistosa foi recíproca —, e Meh segue seu caminho.

A capacidade de classificar o mundo ao redor foi crucial para nós, humanos. Ela nos permite entender o que está acontecendo e, de certa maneira, *prever* ou imaginar uma complexa rede de atitudes ou saídas possíveis para cada situação.

Classificar as coisas facilita nosso entendimento do mundo, permitindo que situações complexas possam ser compreendidas em pouco tempo. Basta, para isso, que elas sejam encaixadas nas categorias preestabelecidas. Dito de outra maneira: diante da realidade, colocamos os fatos nas caixinhas prontas de nosso entendimento, e isso foi crucial para nossa sobrevivência. Além das classificações instintivas, *criamos* nossos próprios critérios de ordenar as coisas, seja na natureza, seja na relação com outras pessoas. Não dividimos os alimentos apenas em "comida" e "não comida", mas também em "saboroso", "saudável", "caro" ou "barato".

O problema é que, ao contrário dos outros animais, sobreviver não é o bastante para nós. As classificações podem ter facilitado nossa relação com a natureza, mas criaram uma série de problemas para convivermos em sociedade.

Isso acontece por dois motivos.

De um lado, pela complexidade de definir e restringir qualquer ação humana a um único aspecto. Todos nós somos seres multifatoriais, agindo a partir de diversos pontos de partida. Por outro lado, no caso da natureza e das coisas, trata-se de um sujeito, o ser humano, classificando objetos; nas classificações sociais, ao contrário, são pessoas classificando pessoas, e os critérios raramente são objetivos.

NINGUÉM É DOTADO DE UM OLHAR CRITERIOSO E OBJETIVO O SUFICIENTE PARA NÃO DEIXAR A PRÓPRIA SUBJETIVIDADE INTERFERIR EM SEUS JULGAMENTOS E CLASSIFICAÇÕES.

A força das classificações

O sociólogo francês Pierre Bourdieu, ao longo de mais de quarenta anos de estudos, se dedicou particularmente a entender como classificações sociais são criadas e se ramificam pela sociedade.

Um de seus pontos de partida é a proposta de analisar as práticas sociais, isto é, nossas ações cotidianas, com um olhar aberto e questionador. Mesmo, se for o caso, prestando atenção em atividades, situações e comportamentos aparentemente óbvios. Na vida em sociedade, situações violentas e agressivas podem se esconder sob uma capa de naturalidade ou justificação ("sempre foi assim"; "a vida é desse jeito").

Essa postura diante da realidade pode facilmente levar a certo conformismo, reforçado pelo risco de ouvir alguma censura se você começar a questionar algo ("Por que você está implicando com isso?"; "Isso é óbvio, por que você está perguntando?"). Em geral, isso leva à *naturalização* de práticas sociais. Passamos a ver como "naturais" atitudes e comportamentos que, na verdade, foram criados por razões específicas. E, se algo é "natural", por que deveríamos mudar? A naturalização das categorias provoca um efeito imediato: elas deixam de ser vistas como criações humanas, sujeitas às mudanças e condições de seu tempo, e passam a ser entendidas como o *normal*.

Isso explica, para Bourdieu, o sucesso das classificações na sociedade. Desde o momento em que nasceu, você aprendeu a ver o mundo pelas lentes do grupo social no qual está inserido. Esse aprendizado, evidentemente, é indireto: em um exemplo extremo, você não teve aulas de preconceito, mas, quando criança, ouviu comentários racistas ou homofóbicos.

A situação fica ainda mais complicada de acordo com o lado em que você está em relação a esses comentários.

Talvez você tenha visto pessoas serem atingidas por isso, e então entendeu que nem todo mundo era igual. Indivíduos com certas características não eram dignos do mesmo respeito que os outros. E quem vai questionar isso aos 4 ou 5 anos de idade? O aprendizado das categorias de classificação começa na primeira infância e pode ter reflexos para o restante da vida, ainda que sob vários disfarces e desvios. Às vezes, aliás, sem disfarce algum, a pessoa não nota os privilégios que tem e se aproveita da situação. Recordar alguém a qual lugar pertence é uma das formas mais sutis de poder na sociedade. E, em alguns casos, isso é feito sem sutileza alguma.

Anos atrás, estava indo buscar meu filho na escola quando, no meio de um congestionamento típico do trânsito de São Paulo, o carro atrás de mim buzinava sem parar. Quando, a certa altura, ele emparelhou comigo, o motorista olhou para dentro do carro e, praticamente sem me ver, disparou:

— Tinha que ser mulher mesmo!

Olhei para ele e, de dentro do carro, sorri e acenei sem dizer nada. Ao perceber que se tratava de um homem, e não de uma mulher, ele olhou firme e disse:

— Deve ser gay!

Pisou fundo e saiu acelerando, exercendo sua masculinidade.

A situação me chamou a atenção por aspectos que merecem ser mais bem entendidos. Ao perceber que algo estava errado no trânsito, o motorista do outro carro entendeu que era necessário atribuir a culpa a uma categoria que ele considerava inferior ("Tinha que ser mulher mesmo!"). O detalhe é o "tinha que": isso sugere que ele já tinha pronta essa expectativa em sua cabeça.

Quando ele me viu e notou que se tratava de um homem, seu sistema de classificações precisou se reorganizar rapidamente. A saída? Ligar outra classificação "inferior", em sua visão, na qual fosse possível me incluir. No caso, a homossexualidade, daí o uso da palavra como ofensa. Já que ele não tinha conseguido me classificar como mulher, tudo o que restava era me situar como homossexual.

O cenário é tingido por cores particularmente sombrias quando você está do lado atingido. Imagine, desde criança, aprender que você é um erro, que não é *normal*. Que sua vida não vale tanto quanto a da pessoa do outro lado do vidro, talvez da rua ou da cidade. Que você, e pessoas como você, não tem as mesmas oportunidades e condições que outras, seja por sua etnia, classe social, faixa etária, gênero ou qualquer outra condição.

E, como mencionei um pouco antes, quem vai questionar isso, ainda na infância? Descobrir-se fora da norma significa, de um lado, *reconhecer a norma* e, de outro, saber o quanto se está *distante* dela — e, numa sociedade em que as classificações, naturalizadas, se transformam em norma, estar do lado de fora significa ser, sem rodeios, *anormal*. Ao ser classificado dessa maneira, isto é, "fora da norma", você geralmente é vetado de uma série de possibilidades, reservadas para quem atende aos parâmetros mais altos nas classificações sociais.

Essa perspectiva nos leva a retomar o cerne do problema: classificações são elaboradas com base em relações de poder. Elas buscam utilizar critérios lógicos, ao menos em aparência, para obter algum tipo de resultado.

Uma amiga minha, Diana, analista sênior de uma multinacional, contou uma história que ilustra isso.

Na empresa onde trabalhava, quem ficava conectado além do horário, disponível para mensagens de madrugada, fins de semana e férias era elogiado nas reuniões de gestão como "dedicados" e "engajados". Além dos elogios, também recebia bônus e outros benefícios. Quem respeitava o horário previsto em contrato era cobrado por "mais comprometimento", e visto como "pouco engajado".

Nova na empresa, Diana passou por vários conflitos internos para lidar com a pressão de ser situada entre os "dedicados". Essa classificação, embora fosse arbitrária, era vista como "natural" pelas pessoas com mais tempo de casa. "Aqui é assim mesmo, você precisa se adaptar a esse ritmo para crescer junto", ela escutou de um dos gestores. Depois de dois anos ouvindo cobranças por "mais comprometimento", apenas por chegar e sair no horário contratual, mesmo tendo aberto várias exceções, perdido noites e fins de semana, ela se desligou da empresa.

O estopim aconteceu quando Diana ficou grávida. Uma colega mais próxima também estava esperando um nenê e, quando comunicou isso ao gestor imediato, no lugar de um parabéns, escutou uma série de recriminações: a empresa precisava dela, não devia ter inventado de fazer isso naquele momento, queria dedicação, nada de ficar dando desculpas.

Diana sabia qual seria a reação. "Escondi a gravidez o quanto pude, uns quatro meses. Fiquei ensaiando como contar, cheguei a tentar duas ou três vezes na sala dele, mas desisti", lembra. No dia em que escolheu dar a notícia, também pediu demissão.

O arbitrário das definições

Vistas dessa maneira, as classificações sociais ganham uma força enorme, e podem disfarçar todo o conteúdo de violência presente em muitas delas.

Mas como ver a força dessas classificações? Uma das maneiras é observar suas *transformações* ao longo do tempo. Só nessa perspectiva de longo prazo, via de regra, somos capazes de notar algo fundamental: *toda classificação é arbitrária*, fruto de critérios decididos por algumas pessoas, em geral quem está no comando da situação.

Podemos retomar o argumento: quando naturalizamos uma categoria, ela passa a ser vista como a norma.

A ESCOLHA DE ALGUNS, IMPOSTA SOBRE MUITAS PESSOAS, SE TORNA *NORMAL*.

É "normal" que a mãe cuide mais das crianças do que o pai; é "normal" dividir as cores de acordo com o gênero, azul para uns, rosa para outros; é "normal" trabalhar além do necessário para mostrar dedicação à organização, e assim por diante.

Ao naturalizar o arbitrário, as classificações escondem as relações de poder e violência presentes na sociedade. A partir do momento em que você toma consciência disso, pode questioná-las, perguntar sobre a validade de seus critérios e, principalmente, como isso afeta sua vida.

Às vezes, as classificações são construídas e transformadas em instantes.

Quando estudei na Universidade de East Anglia, anos atrás, passava a maior parte do tempo na biblioteca, numa sala com vista para o lago, aproveitando o acervo de 800 mil livros, enquanto não havia curso ou palestra para assistir. Se existe um paraíso *nerd*, é bem parecido com isso.

Mas fazia alguns intervalos para andar pelo *campus*. Quando o clima estava mais quente (acima dos 5º C, para os padrões de lá), às vezes ficava deitado no gramado um tempo.

Um dia desses resolvi aproveitar o calor e me estirei na grama, aproveitando o dia bonito.

Exatamente no momento em que meu supervisor de pesquisa passava.

— Trabalhando duro, hein, Lewis?

— Oh, no...

— Aproveite o banho de sol. — Riu, seguindo em frente.

Mas nem sempre o final é suave como esse. Às vezes, a classificação negativa gera sentimentos complexos e uma imensa vontade de ocultar o que pode ser entendido como imperfeição — e algumas pessoas fazem isso de modo a tornar particularmente difícil a vida de outras.

É o tema do próximo capítulo.

Como tratar quem tem certeza
da própria perfeição?

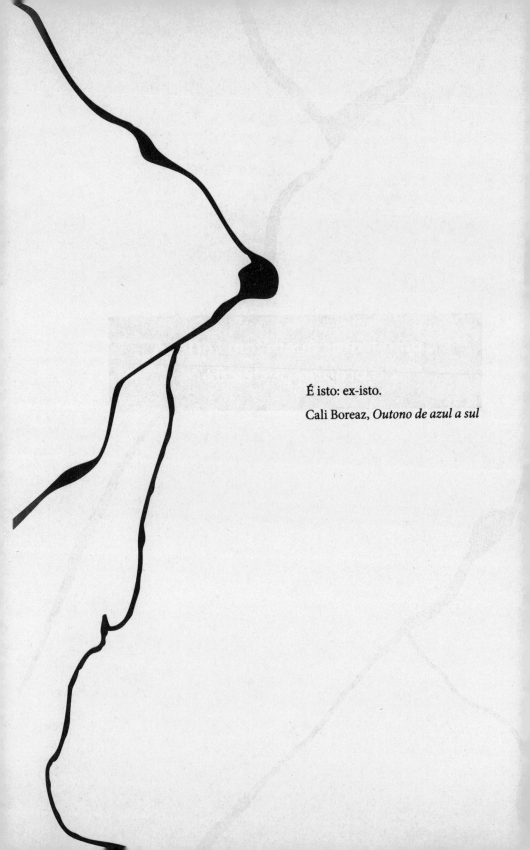

É isto: ex-isto.

Cali Boreaz, *Outono de azul a sul*

Pessoas perfeitas
(e como lidar com elas)

ALGUNS ANOS ATRÁS, FIZ UMA PALESTRA SOBRE RELACIONAMENTOS na matriz de uma grande multinacional aqui no Brasil. No final, como às vezes acontece nesses eventos, houve tempo para perguntas do público, formado principalmente por gestoras e gestores de alto nível. Perto do fim, uma mulher veio rápido da parte de trás do auditório, quase um pouco rápido demais, pegou o microfone e perguntou:

— Existem pessoas difíceis?

A reação de seus colegas mostrou um desconforto: olhares trocados ligeiros, cenhos franzidos, expressões de incredulidade, comentários em voz baixa diretamente para quem estava ao lado. A pergunta dela tinha tocado em um tema sensível.

— Sim — respondi quase sem pensar, e fiquei quieto uns dois ou três segundos enquanto tentava ler no rosto do público o efeito dessa resposta. Novos gestos e expressões de desconforto enquanto concluí:
— Existem pessoas difíceis. E, por mais que a gente possa ter, e devemos ter, simpatia pelo que as tornou assim, precisamos encarar que, sim, elas são difíceis.

O *host* da palestra gentilmente me interrompeu, me lembrando do horário (embora ainda faltassem três minutos para o final), agradeceu e pediu uma salva de palmas. Agradeci enquanto procurava ver o rosto da pessoa que tinha feito a pergunta. Um senhor ao seu lado dizia algo para ela em tom sério, aproveitando o ruído do momento, e ambos saíram.

Encerrada a palestra, no congestionamento de volta para casa, me perguntei os motivos do desconforto coletivo causado por aquela questão. Estava certo de uma coisa: havia sido um ato de coragem dela, e aquele comentário talvez lhe custasse muito caro. Quem era a pessoa difícil no ambiente dela que a havia levado a fazer aquela pergunta? Afinal, um questionamento desses sugere de maneira nítida, ao menos nas entrelinhas, os bastidores de imperfeição de uma organização, exatamente o que uma companhia não quer mostrar para ninguém (muito menos para o convidado externo em um evento corporativo).

Mas ficou uma questão para resolver: por que a pergunta da gestora, na palestra da empresa, causou tanto incômodo?

"É óbvio", você pode responder, "esse tipo de assunto não precisa ser exposto, muito menos em um evento como esse. Disso não se fala".

Certo, é verdade. Mas existe outro ângulo para pensar essa situação.

A gestora, assim como nós, *sabia* do incômodo causado por uma pergunta dessas. Por qual situação uma pessoa precisa estar passando para propor uma questão desse tipo? Quanta pressão ela estava sofrendo para correr o risco de fazer uma pergunta que "não se faz"? Quantas vezes pode ter tentado falar sobre isso, com colegas e superiores e, sem sucesso, optou pelo gesto arriscado de mencionar naquele momento público?

E vamos arriscar outra pergunta: por que não se fala disso?

Todo agrupamento humano tem seus *interditos*, isto é, aquilo sobre o qual não se fala por estar associado a momentos, atitudes ou situações que, se reveladas, colocam em risco a integridade simbólica e a segurança psíquica de cada pessoa do grupo. Perguntas embaraçosas tendem a provocar um desconforto proporcional à intensidade da proibição ao trazer à tona elementos que deveriam permanecer mergulhados no espaço dos não ditos.

(A situação aqui é retirada de um ambiente empresarial, mas poderia ser transposta, com relativa facilidade, para outros espaços, como a família, os espaços de diversão, escolas, igrejas e qualquer outra instituição social.)

A verdade na forma do sintoma

A reação das outras pessoas pode ser entendida como um sintoma de quanta coisa estava enterrada, sufocada dentro daquele ambiente, e foi rapidamente trazida à tona pela pergunta da colega. Os risos nervosos, os olhares de estranhamento e cumplicidade para quem estava próximo, alguns tímidos movimentos de aprovação e o movimento coletivo de desconforto eram sinais de algo forte, muito forte, reprimido.

Se podemos, por um minuto, tomar de empréstimo alguns termos do vocabulário da psicanálise, talvez seja possível chamar isso de *sintoma*. Sabemos, desde Freud, que reprimir alguma coisa não faz com que ela desapareça. Ao contrário.

O QUE É REPRIMIDO, DEIXADO DE LADO, TORNADO *INDIZÍVEL*, QUASE *IMPENSÁVEL* PELA MENTE CONSCIENTE, CONTINUA A FAZER PARTE DAS PESSOAS EM UM NÍVEL INCONSCIENTE.

Elas continuarão a se manifestar, mas de outra maneira — na análise clássica, os sintomas podiam ser identificados como os sinais daquilo que estava no campo do inconsciente, no âmbito do reprimido. Proibidos de se manifestar em sua forma original, encontravam outros caminhos para voltar à tona, se podemos usar essa metáfora, nos processos da consciência.

O desejo de reprimir o desejo

Não sem algo de paradoxal, ela pode ter falado, em sua pergunta, o que todo mundo gostaria de falar, mas também, ao mesmo tempo, gostaria que não fosse falado. Esse tipo de contradição não é estranho a quem gosta de percorrer os caminhos da mente humana: é possível desejar e não querer ao mesmo tempo, e o conflito resultante dessa tensão pode encontrar as maneiras mais diferentes para se manifestar.

A título de exemplo, e tomando todo o cuidado para não generalizar, seria possível talvez encontrar vários conflitos latentes nas piadas e histórias engraçadas que circulam em qualquer agrupamento humano. Em particular, nas chamadas "piadas internas", isto é, aquelas que só entende quem domina um repertório de referências para achar graça. Esse repertório é composto, muitas vezes, dos *interditos* do grupo, que, no máximo, ficam no nível de uma alusão velada, e isso é o máximo que se pode chegar perto do tema.

A consternação provocada sugere, de imediato, que a gestora tocou em um assunto profundo, e a censura velada à sua fala, por parte dos colegas, pode ser entendida como uma tentativa de lembrarem a si mesmos que não se deve falar disso, mas que bom que alguém falou (e, melhor ainda, não foi você).

O desejo da fala, no caso desse grupo, parecia se tornar equivalente a um certo desejo da verdade. Não "a verdade" em termos filosóficos, mas uma verdade reprimida do grupo, impossível de suportar a partir do momento em que fosse dita. A revelação dessa verdade denunciaria um pacto de conforto gerado pela repressão coletiva, uma espécie de substituto do desejo de falar.

Transformado no conforto do segredo coletivo, na segurança da cumplicidade, na censura a quem fez a pergunta, mantém intacto o restante do grupo, em que cada pessoa pode assim se manter em segurança no cultivo do prazer superficial da repressão coletiva. Disso não se fala, e eliminado o ponto de tensão sobre o qual repousa a cumplicidade do grupo, resta a superficialidade da relação supostamente feliz e prazerosa, às custas da saúde mental do grupo — e os elos mais vulneráveis são sempre os primeiros a serem atingidos.

Quando a colega fala, seu ato simbólico de ruptura do pacto preestabelecido com o restante do grupo leva todos a se defrontar com essa verdade esquecida de propósito, deixada de lado com a cumplicidade de cada um, visando a uma efêmera, mas desesperadamente necessária, tranquilidade. Isso opera na crença — talvez ingênua, mas eficaz do ponto de vista do convívio e da administração — de que o que não é falado não existe.

A quebra do silêncio, por uma das pessoas, denuncia o arbitrário do apagamento consciente de um fato, mostrando que ele seguiu sendo cultivado com toda a força nos espaços de sombra que toda organização humana possui.

Sem ser endereçado de frente (porque "enfrentar" significa, de fato, "olhar a frente"), o problema escapa do âmbito daquilo que pode ser dito. Ele passa a ser objeto de uma repressão coletiva, na qual cada um, na frente de um terceiro, se torna cúmplice do silêncio — e da opressão que ele carrega — perante os outros. O assunto, então, se torna o tema das conversas de corredor, dos cafés, das interações particulares em redes sociais e outros caminhos transformados em válvulas de escape.

No entanto, quase nunca isso é suficiente para lidar com todo esse material que, sem chance de encontrar uma superfície onde pode ser trabalhado, se mantém no nível do sintoma.

ADOECIMENTOS, AFASTAMENTOS, BURNOUTS E QUESTÕES SEMELHANTES MUITAS VEZES PODEM ESTAR LIGADOS A UM CONTÍNUO NÃO DITO QUE, ACUMULADO DIA APÓS DIA, ASSUME SUA FACE DESTRUIDORA QUANDO FINALMENTE SE MANIFESTA.

O inconsciente não aceita ser silenciado: o que não é dito pela voz é expresso pelo sintoma. E a conta, quando chega, costuma ser alta.

Sintomas para uma pessoa difícil

Evidentemente não existe uma definição única para "pessoa difícil", mas podemos tentar encontrar algumas características comuns. É preciso levar em consideração que "difícil", numa relação, depende também da outra pessoa. Mas vamos, só para facilitar nossa vida, considerar em detalhe a ideia de uma "pessoa difícil".

A expressão cobre um leque de atitudes variadas, embora todas negativas. Podemos traçar pelo menos quatro linhas de desenvolvimento para compreendê-la:

- **Mau humor**: nunca tem comentários positivos sobre nada ou ninguém;
- **irritabilidade**: parece estar sempre prestes a explodir; seu limite de tolerância é baixo;
- **perfeccionismo**: critica qualquer coisa que não está no "seu nível"; em cargos de gestão, sempre encontra problemas no trabalho de sua equipe;
- **autoritarismo**: tende a não ouvir, está disposta a levar um argumento até o limite para impor sua opinião — ter razão importa mais do que estar certa.

Vale, antes de prosseguir, tratar de dois pontos importantes.

Em primeiro lugar, *todas e todos* nós trazemos conosco essas características. Todas as pessoas têm dias difíceis em que ficam mais irritadas ou mal-humoradas; todo mundo pode, às vezes, transformar a busca pela qualidade em perfeccionismo, e você pode ter uma atitude mais autoritária em determinada situação. Ter *traços* de um comportamento não significa necessariamente *ser* assim. (Aliás, um parêntese: dizer que alguém "é assim" é muito forte. Em nossa complexidade humana, até a pessoa mais difícil deve ter traços mais suaves em sua vida, e, se não tiver, talvez seja nosso dever de solidariedade perguntar o motivo para isso.) O que caracteriza uma "pessoa difícil" é o fato de ela agir dessa maneira a maior parte do tempo de convivência com os outros, sendo esses os traços mais visíveis de seu caráter.

Vale ressaltar também que ser uma "pessoa difícil" é diferente de assédio, em suas variadas formas. Neste caso, estamos falando de um crime, e, por sua gravidade e natureza, não abordaremos esses casos neste livro.

Há um fator social importante: uma pessoa é "difícil" ou não de acordo com as situações, mais ou menos propícias, para a manifestação desses traços de caráter.

A má notícia é que, em geral, uma pessoa se revela "difícil" quando está numa posição de poder, confortável o suficiente para mostrar isso sem muito medo de retaliações. Você só pode ser difícil quando a situação permite: numa posição subalternizada no trabalho, digamos, alguém assim talvez faça um esforço para parecer suave diante dos superiores — é preciso manter o emprego, boletos não se pagam sozinhos — e revele um temperamento mais áspero diante dos colegas ou com funcionários em cargos mais baixos.

A boa notícia: existe uma possibilidade de manter esse tipo de situação sob controle. Posições não são eternas, nem as mais altas, nem as mais baixas. Como lembra o filósofo francês Michel Foucault, poder não é algo que se *tem*, é algo que se *exerce*. Em alguns casos, basta a pessoa perder o poder para se tornar, rapidamente, mais afável. Em geral, quanto mais ela considera o poder como algo *seu*, e não como circunstâncias que podem mudar a qualquer momento, mais ela revela seu caráter difícil. Mas, como sabiam os medievais, a roda da fortuna nunca deixa de girar, e quem está no topo hoje pode, com facilidade, cair amanhã. No ambiente das organizações, não faltam histórias de ambientes de trabalho que ganharam uma lufada de ar fresco e ficaram mais saudáveis para trabalhar quando uma determinada pessoa foi embora.

Outro aspecto é tentar entender o que vai além dessa superfície. Certamente, quando uma pessoa difícil estraga seu dia pode ser bem difícil ter uma atitude compreensiva e solidária. Mas, ao mesmo tempo, todos nós temos *traços* difíceis de lidar — isso quando a "pessoa difícil" não somos nós mesmos. Podemos nos perguntar do que ela está tentando se proteger com essa couraça de atitudes que afasta as outras pessoas e torna complicado o estabelecimento de ligações com os outros.

Por que ela não quer criar vínculos? Qual a finalidade dessa máscara sombria o tempo todo?

QUAIS FERIDAS UMA PESSOA PRECISA TRAZER NA ALMA PARA ACHAR QUE NÃO MERECE O AMOR, O RESPEITO E A CONSIDERAÇÃO DE ALGUÉM?

Sim, porque para a pessoa gostar de ser odiada ou temida, talvez precise ter uma relação de ódio e medo consigo mesma, esperando que os outros projetem nela aquilo que gostariam de ver.

Talvez, afastando outras pessoas, ela consiga manter uma distância segura de si, evitando olhar para as origens de suas atitudes e reencontrar a si mesma em alguma dimensão de sua existência. Às vezes é mais fácil manter uma posição como "pessoa difícil" e, ao deixar de receber a consideração dos outros, mergulhar numa fantasia de autopiedade vendo na atitude das demais pessoas um indício de que ninguém gosta dela, numa confirmação inconsciente de alguma autoimagem negativa.

Não por acaso, muitas vezes ouvimos de pessoas difíceis frases de afirmação ("eu sou assim, quem não gostar que se vire"; "esse é meu jeito de ser, você não é obrigado a gostar de mim"). Por trás da inflação da personalidade que essas frases demonstram, talvez seja possível ler uma imensa fragilidade de si mesma, de sua autoimagem e da expectativa sobre o que pode se esperar dos outros.

Você não precisa dizer o tempo todo "eu sou assim" se não estiver buscando desesperadamente acreditar nisso. Por esse motivo, as atitudes de uma pessoa difícil, por mais perturbadoras que sejam para quem convive com ela, podem ser vistas sob outra perspectiva, procurando entender de que, ou de quem, ela está se defendendo dessa maneira.

Às vezes, a pessoa aprendeu desde cedo que não é digna de amor, não merece o respeito ou a consideração dos outros. E, ao incorporar isso em um nível inconsciente, esquece que *está* assim, não *é* assim, transformando uma condição que poderia ser temporária em algo permanente e criando uma personalidade difícil o suficiente para confirmar, a cada vez, sua certeza de que não tem vínculos positivos porque não merece.

Há outro fator que também pode estar na raiz desse tipo de comportamento: a afirmação de si pelo exercício do poder. Nada lembra que você existe com mais força do que perturbar a existência dos outros. Uma pessoa bacana pode ser lembrada pelas amizades; uma pessoa difícil pode ser o objeto de comentário de toda uma família ou empresa. As atitudes de uma pessoa difícil parecem, muitas vezes, ser planejadas para atrapalhar ou dificultar a vida de outros indivíduos, grupos ou mesmo de coletividades inteiras.

Uma amiga, funcionária do setor administrativo de um banco, me falava de um gestor, próximo a ela em termos da organização, que jamais tinha uma palavra de incentivo ou apoio sobre o trabalho de seus subordinados. O que ele fazia era perfeito, os outros estavam sempre um passo atrás. Quem olhava para ele, em termos profissionais, via uma imagem negativa de si mesmo. "Isso fazia um mal enorme para o meu ego, e olha que meu ego é grande!", ela contou uma vez, em tom de brincadeira, mas reveladora mesmo assim.

Essa, às vezes, é a maneira de a pessoa exercer o poder e, dessa forma, compensar a fragilidade de sua autoimagem. O princípio de seu prazer, na medida em que não consegue ficar satisfeita com sua autorrepresentação, é rebaixar os outros, criar normas, fazê-los se sentir culpados, dobrar os outros à sua vontade utilizando qualquer pequeno espaço de poder.

Essa, em alguns casos, é a única maneira de sentir a satisfação fugidia de um momento de importância. Desse modo, prova que consegue a atenção dos outros, mesmo frágil e assustada em um nível inconsciente. Por isso, às vezes pessoas difíceis tendem a fazer uso de qualquer situação de poder, por menor que seja, para ter a satisfação de fazer outra pessoa se colocar numa posição de inferioridade, conseguindo uma importância impossível de ser obtida por outros meios.

Anos atrás, uma professora de um programa de pós-graduação contou uma história que pode ilustrar esse ponto.

Um colega recém-contratado do seu departamento só aceitava trabalhos dos estudantes se, na capa e na folha de rosto, colocassem "Professor Doutor" antes de seu nome. Avisava isso às turmas no começo de cada semestre, escrevia no quadro e, se alguém se esquecesse, pedia que escrevesse à mão.

— Ele costumava dizer "tenho doutorado, eles têm que respeitar isso e me chamar assim" — ela me contou, rindo. — O ridículo é que todo mundo no departamento, claro, tinha doutorado, mas só ele exigia isso.

— Tentaram falar com ele?

— Não, ele era uma pessoa difícil.

(Até hoje agradeço a ela pelo título deste trecho.)

As relações que fazem mal

Em alguns casos, a pessoa difícil faz a outra se sentir direta ou indiretamente *culpada* por seus traços negativos, e, portanto, responsável por suportar uma situação que, não raro, pode levar a uma devastação psíquica e emocional completa ("ele me faz sofrer porque é difícil, mas é difícil porque eu não sei lidar com ele"; "ela é assim porque eu não sou boa o suficiente para agradá-la").

Pessoas difíceis podem construir relacionamentos nos quais só aceita o amor de outra pessoa na forma de submissão incondicional à sua vontade, compreendendo — e, no limite, valorizando — suas características. Qualquer tentativa de crítica, de apontar problemas ou sugerir mudanças pode ser recebida com a ameaça de ruptura ("se você não gosta, procure outro"; "eu sou assim, não vou mudar por sua causa"). E, se a outra pessoa aponta esses traços, a pessoa difícil pode tentar contornar a situação fazendo com que isso seja visto como uma fantasia ("só você está vendo desse jeito"; "isso é coisa da sua cabeça"; "você é louca, eu não sou assim").

Outro aspecto relativamente comum é a expectativa de conseguir resolver os problemas da pessoa difícil e, dessa maneira, transformar sua atitude. Essa ilusão parece ser particularmente fácil de encontrar em duplas formadas por uma pessoa difícil e por outra disposta a se colocar na posição de salvadora ou redentora, responsável pela mudança ("depois que a gente se casar, ele muda"; "ele é assim agora, depois vai ser diferente"). Dessa maneira, podem ser construídas ligações aparentemente estáveis, mas pautadas numa dinâmica complexa e assimétrica, em que o amor é transformado em dominação — e, como já dizia Carl G. Jung, lembrado por bell hooks em *Tudo sobre o amor*, "onde existe poder não pode existir amor".

"Tudo isso para explicar por que ela fez uma pergunta?"

Exatamente.

Não foi *qualquer* pergunta, foi algo que desestabilizou a frágil cumplicidade do lugar. A maneira como ela fez, direta, sem rodeios, pareceu mais com um gesto espontâneo, quase impensado e, por isso mesmo, revelador da urgência da questão. A pergunta escapou, foi lançada de uma vez só em alto e bom som. Não foi uma questão lapidada, preparada para impressionar outras pessoas (você sabe que, às vezes, algumas perguntas têm esse objetivo) ou mostrar seu talento diante de gestores. A pergunta foi uma ruptura, e a reação das outras pessoas mostrou, nos gestos, nas expressões faciais e nos movimentos, o quanto era incômodo tratar disso.

("Quantas pessoas difíceis uma organização precisa ter para uma única pergunta causar tanto embaraço? Ou, se era uma só, o quanto uma pessoa tem de ser complicada para gerar esse desconforto?"; fiquei me perguntando no caminho de volta, enquanto tentava lembrar se, no fim da palestra, alguma confluência de olhares permitiria ver de quem estavam falando. *Alguém* provavelmente era.)

TODA SUPERFÍCIE PERFEITA ESCONDE UM OCEANO DE CONTRADIÇÕES. QUANTO MAIS PROCURAMOS ESCONDER O QUE ESTÁ ABAIXO DA SUPERFÍCIE, MAIS ESSES CONTEÚDOS VÃO ENCONTRAR CAMINHOS PARA SE APRESENTAR DIANTE DE NÓS.

Olhar para eles de frente quando a oportunidade se apresenta não deixa a vida imediatamente mais feliz ou fácil de viver, mas abre um caminho para a autenticidade e para a integração com partes de você até então desconhecidas. Enfrentamos com mais facilidade aquilo que conhecemos.

Você já usou roupas para disfarçar algo "errado" em si mesmo?

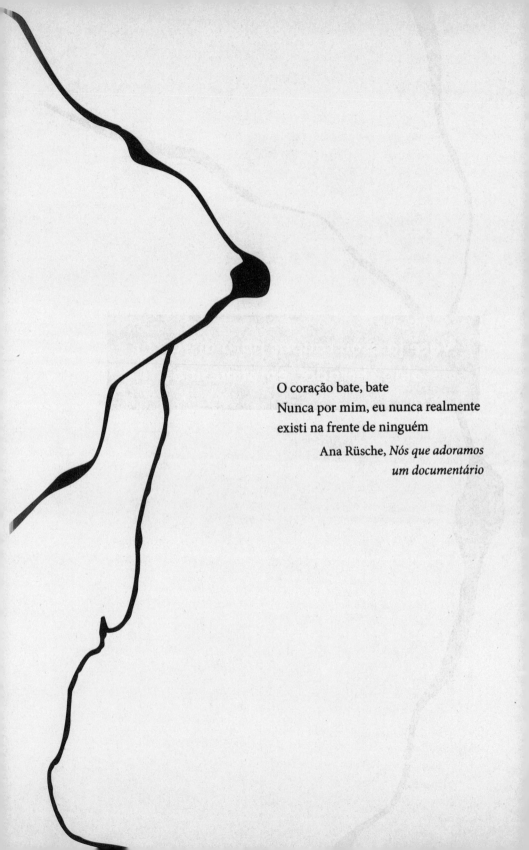

O coração bate, bate
Nunca por mim, eu nunca realmente
existi na frente de ninguém

Ana Rüsche, *Nós que adoramos
um documentário*

Esconder o imperfeito: vergonha e timidez

De certo ponto de vista, a vergonha é a mais social das emoções. Numa sociedade dirigida pela obrigação da perfeição, ela pode ser um poderoso motor para levar alguém a agir. Em geral, trata-se da percepção do julgamento negativo de outra pessoa sobre você devido à revelação de algum *deslocamento* seu numa situação. Quando você está deslocado em alguma situação, quando sua imagem não é adequada para a situação, ou há uma revelação de uma incongruência entre o que você mostra para os outros e algo que contradiz isso, há um deslocamento daquilo que pensam de você.

Como há um estreito ponto de contato entre o que pensam de você e a sua autoimagem, a vergonha não destrói apenas a imagem projetada para os outros, mas atua também na consciência que temos de nós. Percebemos que aquela imagem externa não é tão pura, doce, ou bonita como gostaríamos. A revelação do negativo, do impróprio e do deslocado, em quase todas as situações, provoca uma imensa vergonha, por isso sua forte ligação com o social.

Você já foi a uma festa com a roupa errada, ou trocou o nome de alguém? Um ponto comum entre essas situações, e muitas outras, é a sensação de desconforto que causam. É uma mistura de raiva e tristeza, mas sobretudo a sensação de estar vulnerável, sem defesas, quase de luto pela perda da situação anterior. A vergonha, nesse ponto, é a revelação de uma parte de si mesmo programada para ficar de fora da vista dos outros.

Todas as pessoas já sentiram vergonha em algum momento, com mais ou menos intensidade. Algumas sentem isso o tempo todo, e o simples fato de ter de pedir algo no balcão de uma farmácia pode se tornar um pesadelo, ensaiado antes de ser executado. Outras talvez com mais sorte, traquejo ou experiência, aparentam não ter nenhum problema em sentir isso, mesmo em situações em que qualquer outra pessoa morreria de vergonha. E, claro, existe a vergonha alheia, quando você se sente desconfortável com a situação pela qual alguém está passando, mesmo que ela não dê a mínima para isso — nos envergonhamos por ela, e isso já é problema o bastante.

Você só sente vergonha quando um ato seu é revelado na presença de outro. Como diz a escritora Annie Ernaux em *A vergonha*: "O pior da vergonha é que achamos que somos os únicos a senti-la." Quando você está sozinha, pode até sentir certo embaraço ao fazer alguma coisa, porque a voz da sociedade está presente na sua consciência. Somos seres sociais e compartilhamos, com o conjunto da sociedade, delineamentos a respeito do "certo" e do "errado".

Uma equipe de pesquisa liderada por Amanda J. Holmstrom destaca que sentimentos de vergonha e culpa aparecem quando a pessoa acredita que não atingiu padrões e expectativas dos outros a seu respeito. Segundo a pesquisa, ao contrário das emoções básicas (raiva, medo, alegria, tristeza, nojo e surpresa), a vergonha e a culpa são "autoconscientes", isto é, você *sabe* que está vermelho — e isso afeta diretamente a sua identidade. Foram identificados três elementos que podem causar vergonha em alguém: falha, rejeição e transgressão moral.

Imagine que você está em casa, tomando um café e, ao colocar açúcar, derruba a xícara. Se estiver sozinha e ninguém estiver olhando, pode ficar brava, se sentir um pouco mal, fazer até uma autorrepreensão ("nossa, eu sou muito desastrada"). Mas, em geral, não precisa carregar nenhum peso de culpa. Imagine, no entanto, derrubar essa xícara de café em um restaurante ou uma lanchonete, com pessoas por perto. Mesmo sem ninguém em especial ao seu lado, trata-se de um lugar público. Estão olhando para você, e isso adiciona uma magnitude ao acontecimento. Você então quer sumir.

Esse olhar o faz se sentir mal consigo mesmo, e essa é outra característica da vergonha. Você se sente partida ao meio entre aquela imagem bonita, perfeita, cultivada para os outros, e a súbita revelação de que não você não é tudo isso — você falha, erra, derruba o café. De um lado, a vergonha pela situação; de outro, vergonha por se sentir assim.

Qualquer outra pessoa sentiria vergonha nessa situação, mas naquele momento *você* é o foco. Mesmo que se saiba, no nível consciente, que é normal derrubar o café, ou fazer até coisas piores, naquele momento a sensação é de que um holofote gigante foi colocado em sua direção e dissessem: "Vejam, esta é a pessoa que é incapaz de colocar açúcar numa xícara sem derrubar tudo."

Por isso também a vergonha tem uma característica social. Se tiver a infinita sorte de disfarçar ou resolver o problema antes de alguém notar, minha imagem não é questionada e posso, com alguma tranquilidade, seguir o curso normal da minha existência.

O sentimento de vergonha pode ser entendido também como uma diminuição de seu *status* — do latim, "situação" ou "posição na qual alguém está" — perante as outras pessoas. Essa mudança pode ser passageira, por exemplo, quando a situação de vergonha está limitada a um tempo e lugar, ou mais duradoura, se a revelação de algo causa um rompimento de laços pessoais ou profissionais.

A pessoa percebe que alguns de seus atos, atitudes ou comportamentos estão fora do padrão dentro de uma determinada situação, e essa diferença é vista com tintas negativas. Essa desvalorização geralmente ocorre de maneira rápida, quase imediata. Essa súbita mudança de situação requer atitudes rápidas para tentar preservar o que resta de valor.

Anos atrás, quando morava em Norwich, experimentei uma situação assim.

A pia da cozinha do nosso apartamento voltou a entupir. Decidi que eu mesmo iria consertar. Como diz uma amiga minha, em tom irônico, "o DNA masculino tem instruções para consertar coisas desde as paredes das cavernas". Determinado, fui até o mercado e comprei um poderosíssimo "Kitchen Sink Unblocker", que, como o nome indica, umbloca pias ("umblocar" não existe no dicionário, mas foi a maneira como traduzi rápido no mercado).

Meio cético, joguei o líquido verde fumegante no cano e fiquei esperando. Deveria umblocar em quinze minutos.

Cinco.

Dez.

Quinze.

Teste.

Continuava entupido.

Abri a parte de baixo da pia. Olhei novamente os canos. Pareciam inofensivos. Munido de uma chave de fenda, inventei de desconectar um. Saiu água. Reconectei. Continuou saindo água. Atarraxei, juntei, grudei, passei uma cola. Parou de sair água.

No dia seguinte veio o encanador, Mr. Saxon.

— Você tentou mexer aqui antes de me chamar, amigo?

— Eu? Não, eu não, de jeito nenhum.

— Ah, claro. Porque todo homem pensa que nasceu encanador, pedreiro, eletricista. Besteira, né? Cada um faz o que sabe, né?

Eu estava vermelho demais para responder.

Vergonha, imagem e consciência de si

A vergonha existe também porque compartilhamos, como sociedade, valores relativamente parecidos. Embora cada um de nós possa ter atitudes bastantes diferentes a respeito disso, como um grupo nós interiorizamos, desde a infância, noções compartilhadas sobre comportamentos considerados "certos", que valorizam e dignificam a honra de uma pessoa, e os "errados", responsáveis por fazer o oposto.

Curiosamente, a vergonha também só existe porque podemos *esconder*, ou pelo menos *tentar esconder*, atitudes e comportamentos contrários a essas normas. Você pode, secretamente, usar a conexão Wi-Fi de seu vizinho ao longo do dia e, ao encontrar com ele no elevador, comentar em tom de crítica alguma notícia sobre corrupção. A vergonha, como um fenômeno social, não está no ato errado, mas na sua *exposição*. Ela leva a uma redução imediata do seu *status* em relação às outras pessoas (de "vizinho simpático que conversa no elevador" a "larápio sem coração que rouba a internet dos outros").

Essas mudanças de situação afetam e muito nossa autoestima, e, quando acontecem, geram uma sensação adicional de deslocamento de sua imagem. Você pode presumir que outras pessoas façam isso, mas na *sua* vez deu errado e a verdade veio à tona. (Se quiser pensar em tom crítico, talvez não deixe de existir certa dose de contradição em termos da vergonha: só podemos especular que o dedo acusador apontado para você também poderia se sentir péssimo caso alguns segredos a seu respeito fossem revelados.)

O sentimento de vergonha deriva também do fato de precisarmos lidar com duas imagens opostas de nós mesmos. Uma, cuidadosamente elaborada para ser apresentada nas interações sociais; outra, guardada para momentos em que não há ninguém por perto. A vergonha é sentida como um dano à nossa autoimagem quando essa segunda representação aparece.

Para sentir vergonha, preciso ter gerado alguma imagem de mim mesmo com base em minhas percepções sobre quem sou. Dito de outra maneira, como lembra Marina Bilenky no livro *Vergonha*, só sinto vergonha quando tenho consciência de mim, consciência não só de que o meu ato é errado, mas também de que outras pessoas vão me julgar por ele. A vergonha só aparece quando você desenvolve autoconsciência.

Uma criança pequena não tem vergonha, não sabe ainda que determinadas ações vão mexer com a autoimagem dela simplesmente porque ainda não a desenvolveu por completo. Ela ainda não sabe o que é certo, o que é feio, não tem essa versão da determinação ou da divisão entre o público e o particular. A vergonha, como você já sabe, é algo que se sente em público. Conforme se nota que algumas ações não são bem-vindas em público, mais elas são deslocadas para os bastidores, disfarçadas, ignoradas em público quando acontecem.

Você já leu *O médico e o monstro*, de Robert L. Stevenson?

Publicado em 1886, o romance conta a história de um respeitável e polido médico, Dr. Henry Jekyll, que, utilizando seus conhecimentos em química farmacêutica, consegue criar uma fórmula para transformá-lo em outra pessoa, alguém com todas as suas características negativas, o Sr. Edward Hyde.

Enquanto Jekyll é quase um cidadão modelo da Era Vitoriana na Inglaterra, gentil, reservado, discreto e afável, com poucos mas respeitáveis colegas e alheio a qualquer mancha em sua reputação, Sr. Hyde é violento, rude, tem uma aparência desagradavelmente grotesca e usa um linguajar agressivo e impaciente.

Durante um tempo, Jekyll consegue levar tranquilamente sua vida dupla. Monta uma casa para Hyde e pode desfrutar, sem problema algum, de suas características negativas sem medo. Sua reputação como Jekyll está preservada enquanto Hyde existir.

Até que, um dia, Jekyll acorda transformado em Hyde, mesmo sem ter tomado a fórmula. A partir daí, boa parte do enredo do livro mostra as tentativas do médico de retomar o controle e, ao mesmo tempo, não deixar seus colegas tomarem conhecimento desses acontecimentos. Hyde pode agir como quiser, porque não tem nenhum senso moral e, portanto, não sente vergonha; mas Jekyll não suportaria a desonra se descobrissem a verdade. Não darei mais detalhes para não estragar o final, mas trata-se do exemplo de um aspecto importante da vergonha: ela depende do que pode ser visto ou ficar escondido ("esconder", em inglês, é *hide*, sonoridade igual à do nome da personagem).

Vergonha e visibilidade

A vergonha tem uma relação direta com a visibilidade. Ela se liga às nossas ações àquilo que estamos mostrando ou tentando mostrar para outras pessoas. A criança forma uma imagem de si ao mesmo tempo que aprende a distinguir entre comportamentos que trazem aspectos positivos e o que *não* deve ser mostrado, sob risco de provocar um dano a essa boa concepção em construção.

Um estudo realizado com adolescentes pelas pesquisadoras Marina Cunha, Ana Maria J. Xavier, Sónia Cherpe e José Gouveia mostra algumas das principais preocupações referentes ao sentimento de vergonha. Cito literalmente:

- Sinto que as outras pessoas não me veem como sendo suficientemente bom (boa).
- Acho que as outras pessoas me desprezam.
- Eu me sinto inseguro(a) acerca das opiniões dos outros sobre mim.
- As outras pessoas me olham como se eu não estivesse à altura delas.
- As outras pessoas me veem como se eu fosse pequeno(a) e insignificante.
- As outras pessoas me veem como se eu fosse uma pessoa defeituosa.
- As pessoas me veem como pouco importante em relação aos outros.
- Os outros pensam que falta algo em mim.

A vergonha é, de certo modo, a perda do controle da visibilidade de si. Nós a sentimos ao perder o controle dos caminhos pelos quais nossa autorrepresentação vai seguir, afetando nosso sentimento a respeito de quem somos. Essa falta de controle implica a revelação daquilo que somos, fazemos e agimos quando ninguém está olhando.

Diminuir as expectativas, diminuir a vergonha

Imagine, mantendo o exemplo, que você derruba alguma coisa e, imediatamente, projeta uma revisão de sua autoimagem, diminuindo seu valor ("nossa, desculpa, sou desastrado"; "desculpe, estou meio com sono"). Esse tipo de comportamento provocado pela vergonha é uma tentativa estratégica de preservar o que resta de nossa autoimagem. Ao se diminuir, você também ameniza a expectativa que o outro tem a seu respeito — se algo sair errado, a decepção da pessoa não será tão grande.

Em geral, a decepção é proporcional à expectativa. Como já vimos, a vergonha está ligada à revelação ou visibilidade de algo. Por isso, quanto maior for a expectativa criada em outra pessoa, mais vergonha você vai sentir *se* e, principalmente, *quando* — porque ninguém consegue sustentar uma representação para sempre — essa imagem for quebrada.

Por isso os grandes escândalos geram tanto impacto, quando, por exemplo, uma pessoa que cultivou determinada imagem a vida inteira, fundamentou sua carreira, pautando nela suas relações pessoais e profissionais, vê uma ação que contradiz tudo isso ganhar visibilidade.

A quebra dessa imagem geralmente obriga a pessoa envergonhada a vir a público e se justificar, expor uma razão para o seu ato, mostrar o quanto as expectativas dos outros eram erradas, reconhecer seu erro e assim por diante.

Vale lembrar que sentir vergonha não é um fenômeno ligado exclusivamente ao indivíduo. Você pode ser levado por outra pessoa, de maneira intencional, a sentir vergonha. Envergonhar alguém é um gesto de poder. Quando isso acontece, provoca na pessoa um imenso desconforto em ser quem é. Ao deixar alguém nessa situação, de propósito, a vergonha assume a forma de um ato de violência — mostra-se para a pessoa uma incompatibilidade entre a imagem dela e a "verdade" revelada.

Quando, por exemplo, numa reunião corporativa, o líder individualiza resultados e mostra que alguém ao longo daquele mês não conseguiu cumprir as metas, não foi perfeito como se esperava, gera uma sensação de vergonha pela revelação de que ele não está à altura de algum padrão. Quanto maior a distância entre esse padrão e a pessoa, maior a vergonha que ela sente.

(Ponto importante: dependendo do caráter e da personalidade, uma pessoa mostrada como "bom exemplo" pode sentir uma vergonha imensa, e a vontade de desaparecer por ter sido um instrumento involuntário para humilhar outra pode surgir.)

Em uma sociedade que se pauta pela perfeição, a vergonha pode ser um poderoso estimulante para você sentir vontade de ir além e superar seus limites.

"Mas isso não é ótimo?", você pode perguntar.

Nem sempre, porque às vezes isso é feito às custas da destruição de si e da formação de um sentimento de deslocamento constante em relação ao mundo e a você mesmo.

A vergonha, muitas vezes, se pauta na sensação de que sempre estão esperando algo mais da pessoa, algo que ela não será capaz de oferecer. Por isso, cria-se um medo de interagir com os outros — ou melhor, medo da vergonha que, em sua perspectiva, vai passar.

"Ter medo", "temer": uma das raízes latinas dessa palavra está próximo de *timor*, de onde vem, quem diria, a palavra *timidez*. O tímido tem medo da vergonha pela qual poderá passar e, por isso, tenta evitar as situações nas quais isso poderia potencialmente acontecer. A pessoa tímida acha que estará deslocada, e, para evitar isso, deixa de tomar algumas atitudes ou realizar algumas ações. Não vai conversar com outra, porque acredita que vai dar errado — ela não se sente bonita o suficiente, sua conversa não é legal o suficiente, não está bem vestida. A pessoa, nesse temor, se torna tímida. Quer escapar da situação, fugir, estar fora de qualquer espaço. Esse desejo é resumido por bell hooks em *Anseios*: "A casa às vezes é lugar nenhum. Às vezes, a pessoa só chega a conhecer estranhamentos e alienações extremos."

A vergonha nos ajuda, como sociedade, a pensar sobre quais são nossos valores, crenças e caminhos a seguir. E ajuda, igualmente, a melhorar um pouco nossa relação com os outros. Superar os motivos de vergonha significa talvez perguntar sobre esses valores — e, a partir disso, avaliar o quanto o olhar do outro poderia ser diferente.

Termino este capítulo com mais uma história.

Em uma das turmas em que estudei, anos atrás, um colega tinha um hábito particular: recomendar livros para todas as outras pessoas da sala. Bastava alguém fazer um comentário em classe e ele interrompia com uma menção literária:

— Tem um livro muito legal sobre isso, você já leu?

E completava com título e autoria. No começo do semestre pareceu uma atitude simpática. Qualquer recomendação era bem-vinda. Mas com o tempo o tom dele foi mudando:

— Já leu esse livro? Como assim não leu? Tem que ler, como assim não leu?

Já perto do final do curso, as recomendações passaram a ser cada vez mais enfáticas.

— Já leu esse livro? Tem que ler. Como você diz que é pesquisadora e não leu esse livro? Não dá pra acreditar.

À medida que as recomendações estavam se tornando mais agressivas, a turma começou também a se incomodar com aquela postura. Um dia, outro aluno resolveu fazer uma brincadeira — bastante séria — sobre aquilo.

O professor terminou uma explicação, e, então, esse aluno levantou a mão.

— Isso tem a ver com o livro do Blinsky — disse, virando-se para o colega que sempre recomendava algo, e emendou: — Não é?

— Sim, ótimo livro, tem tudo a ver mesmo — concordou o colega.

O professor olhou para um e então para outro e, com alguma desconfiança, perguntou para o aluno que tinha levantado a mão.

— Escuta, quem é esse Blinsky, que eu leciono há vinte anos e nunca ouvi falar nele?

Então o aluno respondeu:

— Não existe, professor, inventei agora.

Todos os olhares convergiram imediatamente para o outro colega, que recomendava livros e tinha acabado de confirmar que um autor inexistente era muito bom. Ele se levantou, dizendo "vou pegar um pouco de água", e saiu. Não sugeriu mais livros até o final da disciplina.

Escapar de si mesmo

Quando sua imagem é danificada pela vergonha, você se sente mal consigo mesmo e a sua tentativa de mudar nem sempre é pautada na motivação para fazer o melhor. Ao contrário, pode ser criada na angústia de tentar escapar de si mesmo, de um eu que provoca vergonha e tenta forjar outra autoimagem adequada e compatível com o que os outros esperam.

Mas nem sempre isso é possível. É, de uma hora para a outra, diferente do que a gente escuta muito, mudar radicalmente quem sou, o que sei ou faço. Mudanças acontecem, e não há nenhum problema nisso, mas é difícil eliminar o motivo da vergonha — até porque, às vezes se trata de uma característica até então percebida como natural, sem ideia de sua carga negativa aos olhos dos outros.

CULTIVAR A VERGONHA E O CONSTRANGIMENTO DAS PESSOAS É UMA MANEIRA FÁCIL DE TORNÁ-LAS DÓCEIS E RECEPTIVAS A DISCURSOS QUE PROMETEM RESOLVER ESSES PROBLEMAS IMEDIATAMENTE.

Quanto mais mostro para você que determinada característica sua é motivo de vergonha, a ser escondida ou transformada, mais posso vender as soluções, mais posso oferecer a cura para sua existência. Cria-se uma sensação constante de deslocamento que só pode ser aplacada pela solução que vou vender.

Isso vale para muitas situações. Por exemplo, nas soluções estéticas, em que se afirma que seu corpo é errado, um motivo de vergonha, porque *aquele* outro é bonito. Então surge a busca pela correção, o ajuste à medida, a procura pela adaptação.

É esse o tema do próximo capítulo.

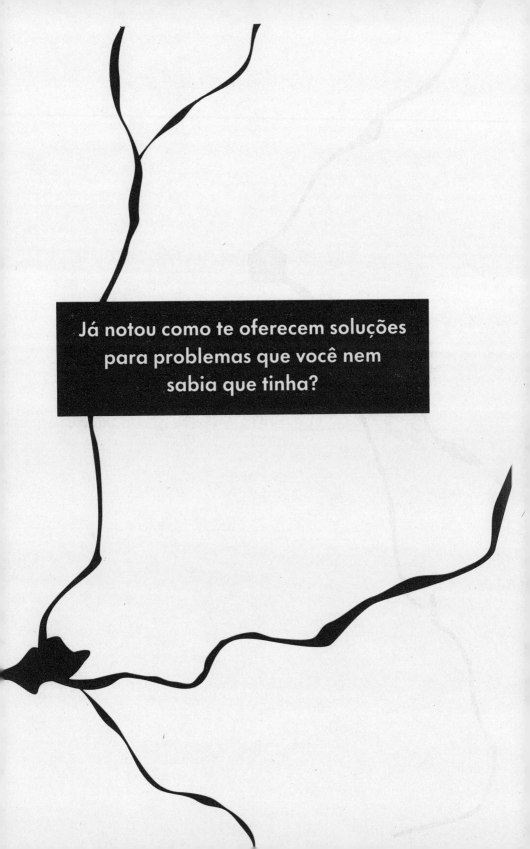

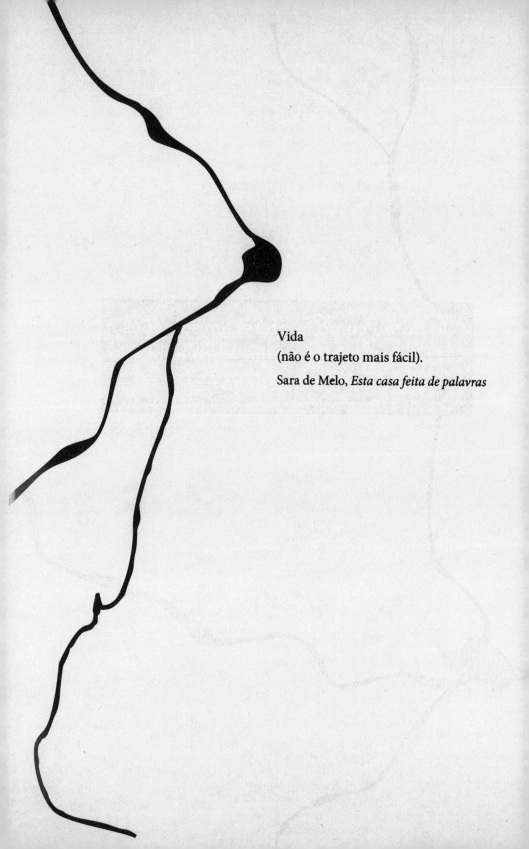

Vida
(não é o trajeto mais fácil).

Sara de Melo, *Esta casa feita de palavras*

A indústria da baixa autoestima

SÓ PODEM TE VENDER UMA SOLUÇÃO SE VOCÊ FOR CONVENCIDO DE que tem um problema. Essa, de certa maneira, é uma forma de entender as classificações que alimentam toda uma indústria de bens e serviços voltados para corrigir suas características e mudar quem você é. A indústria da baixa autoestima.

Não deixa de ser um paradoxo. De um lado, discursos dizendo para se amar como você é, se valorizar, gostar de si e se orgulhar de suas características; do outro, mensagens sobre como mudar, corrigir, arrumar, melhorar o jeito como você se veste, anda ou fala, turbinar esse perfil e apagar os efeitos do tempo.

Se é para você se amar como é, por que precisa mudar? "Para ficar melhor", seria a resposta. Se estiver satisfeito com alguma coisa, não tem por que alterar. Se é necessário se transformar para se amar, não pode se amar como é. Como colocar em prática a autovalorização se, de todos os lados, aparece alguém tentando melhorar você?

Isso nos ajuda a entender algumas das sutilezas da indústria da baixa autoestima.

Quando olhamos os bens e serviços oferecidos para a criação da melhor imagem possível de si, podemos ter uma ideia de quais são os aspectos considerados negativos ou, pelo menos, a serem corrigidos dentro da sociedade. Se existe uma oferta de melhora, é porque algo é visto como negativo. A indústria da baixa autoestima se pauta em mostrar que você, na forma atual de sua existência, é motivo de vergonha. Esse discurso contém uma solução: não é mudar o padrão, mas adaptar você aos modelos.

De maneira mais técnica, a definição dos serviços oferecidos permite entrever como determinadas características são classificadas como "boas" ou "ruins", "certas" ou "erradas", e onde você se situa em cada situação. Quanto mais características de alguém, ou de um grupo, estiverem do lado "errado", maior a chance de oferecer as qualidades necessárias para estar do lado "certo". (Veja que estou usando esses termos entre aspas: são arbitrários, criados e reforçados pelas pessoas, que precisam ser compreendidos em termos relativos, não absolutos).

E a perfeição não pode esperar. Numa sociedade pautada pela pressa, a ansiedade de se aproximar do rosto ou do corpo perfeito demanda soluções sempre imediatas.

O melhor "eu" que o dinheiro pode comprar

Era um começo de ano e Cibele, uma aluna recém-formada, marcou uma reunião para conversar sobre pós-graduação. Desejava seguir uma carreira como pesquisadora, e, de fato, mostrava toda vocação para isso. No dia marcado, falamos sobre as possibilidades. Ela queria estudar no exterior e, no decorrer da conversa, começamos a falar dos aspectos práticos — taxas, mensalidades, bolsas de estudo, o custo de morar em outro país. Num encontro anterior, ela havia mencionado que já tinha juntado dinheiro, durante a graduação, para isso.

— Não sei — comentou ela, a certa altura. — Tem a questão do dinheiro.

— Você me falou que já tinha guardado uma quantia, não?

— Então, é verdade. É que agora tem essa cirurgia.

Por um instante, a palavra "cirurgia" ressoou na sala. Cirurgia? Para quê? Algo grave? Ela notou meu olhar de preocupação, riu e disse, em tom descontraído:

— Minha plástica. Vou fazer uma plástica preventiva.

— Plástica preventiva?

— Sim, aqui na região dos olhos. As primeiras rugas apareceram aqui, está vendo?

— Rugas?

— Rugas. Me recomendaram essa plástica preventiva. Quanto mais cedo, melhor.

Ela estava hesitante entre a pós-graduação no exterior e a cirurgia. Ainda conversamos mais um pouco, ela parecia realmente indecisa. Tempos depois enviou uma mensagem falando que os planos de estudar fora estavam adiados. A cirurgia precisava ser feita.

Ela tinha 22 anos.

Se você achou a protagonista dessa história jovem demais, talvez seja melhor rever alguns critérios.

Numa reportagem para a *BBC*, a colunista Mia Taylor fala do efeito chamado "Crianças Sephora" ("Sephora Kids"), sobre os índices crescentes de uso de cosméticos por crianças e adolescentes. De acordo com o texto, um número alarmante de postagens em redes sociais mostra esse público em lojas de marcas como Sephora — daí o nome — e Ulta Beauty em busca de cosméticos. Elas estão comprando, segundo a autora, "produtos que contêm ingredientes como retinol, potentes ácidos esfoliantes, umectantes caros, tinturas e soros projetados para minimizar os efeitos do envelhecimento". Isto é, "tradicionalmente destinados a consumidores mais velhos".

A indústria da baixa autoestima opera com uma promessa sedutora: colocar você no padrão. O discurso da vida perfeita alimenta com força esse processo. Ao colocar a possibilidade de perfeição, ou, pelo menos, de uma considerável melhoria em quem você é, abrem-se as portas para toda uma oferta de bens e serviços voltados para aproximar você do "padrão".

Em um olhar mais apressado, aqui entre nós, estar no padrão pode fazer maravilhas por sua autoestima. Ao menos por um tempo. Não resolve, certamente, todos os seus problemas, mas pode ajudar bastante. Afinal, quantas pessoas você conhece que são plenamente bem-resolvidas com sua aparência ou seu modo de ser?

Em um estudo feito com mulheres que realizaram cirurgias plásticas, as pesquisadoras Sabrina B. Ferraz e Fernanda B. Serralta mostram alguns aspectos disso no artigo "O impacto da cirurgia plástica na autoestima". Segundo elas, "o sentimento de exclusão, de sentir-se diferente e não parte da sociedade, é tão intenso e danoso, que as pessoas são capazes de pagar fortunas para livrar-se de tal sensação". Elas concluem que houve, no caso de suas entrevistadas, um "aumento na autoestima, conseguiram olhar para si mesmas e apreciar o que enxergavam".

Do mesmo modo, a pesquisadora Aline Morel e equipe destacam a atuação "terapêutica" dos produtos de beleza. Numa pesquisa na qual entrevistaram mulheres sobre o tema, notaram que "esses produtos passam a ser utilizados pelas entrevistadas como 'antídotos contra a tristeza' ou como 'reparadores da autoestima'".

É bom, por isso mesmo, olhar mais de perto para esses pontos e ver o que pode estar além da superfície. A questão está longe de ser simples.

A indústria da falta

Vale seguir para um nível um pouco mais profundo.

A INDÚSTRIA DA BAIXA AUTOESTIMA FUNCIONA APRESENTANDO DE FORMA CONTÍNUA PALIATIVOS PARA UM PONTO CENTRAL DA CONDIÇÃO HUMANA: A FALTA.

Como seres desejantes, nossa existência é fundamentada na falta, na percepção e na consciência das ausências que toda alma humana leva consigo.

Essa falta é impossível de ser preenchida por se tratar de uma condição da existência, relacionada, até em termos antropológicos, ao desenvolvimento de nosso cérebro.

De certa maneira, o resultado de termos aprendido a pensar, como espécie, foi ter tomado consciência de quem somos. Percebemos nossa própria existência, suas potências e seus limites. Uma consequência de termos experimentado o fruto proibido da árvore do conhecimento, na narrativa simbólica do Jardim do Éden, foi o despertar da consciência de que existimos e precisamos fazer algo a respeito disso, além de simplesmente buscar nossa sobrevivência imediata.

(Uma provocação: quando a vida humana se resume à busca da sobrevivência imediata, como acontece com milhões de pessoas ao redor do mundo, podemos nos perguntar até que ponto estamos fazendo bom uso dessa consciência.)

A diferença entre a existência real e a imaginada se apresenta na forma do desejo. O descompasso percebido mostra o que você *não* tem, a vida que poderia ser mas não é — e, se há falta, há desejo.

A criança, nos primeiros meses de vida, pode simplesmente querer o que aparecer pela frente, numa mágica vontade de explorar o mundo. A partir do desenvolvimento de certa consciência de si, percebe como entender essa falta — desejando, por exemplo, o amor que, em sua cabeça, uma irmã mais nova está roubando, ou querendo ter uma mãe legal como a de sua amiga, ou uma família perfeita como a de outra pessoa.

Alguns de nós talvez passe a vida buscando realizar esse desejo, quando na verdade ele é parte do que nos define, e um polo para conseguirmos entender melhor quem somos. Entender onde está nosso desejo nos dá um norte para seguir e uma baliza para compreender *por que* queremos isso.

No entanto, essa ausência interna não pode ser preenchida por nenhum objeto externo — "objeto", aqui, no sentido emprestado do vocabulário psicanalítico, isto é, a pessoa, coisa ou situação que entrelaçamos com nosso desejo. As feridas da alma só podem ser curadas pela própria pessoa, na relação mediada pelos outros.

Na prática isso é mais complicado.

A ideia de "chegar lá", como realização plena dos desejos e preenchimento da falta, embora enraizada no pensamento comum, esconde um problema: "O que vem depois?"

Poderíamos até mesmo perguntar o que significa "chegar lá", mas vamos facilitar as coisas e imaginar algo bem no senso comum. "Chegar lá" é ter casa própria, um carro novo, ser casado (e acordar com a paixão reavivada todos os dias), emprego de alto nível, dois filhos ("precisa ter um menino e uma menina", ouvi várias vezes, mas nunca explicaram como escolher), férias bacanas, uma família amorosa e feliz, tudo isso com um corpo dentro dos padrões. Numa sociedade patriarcal como a nossa, para muitos homens, exibir uma mulher perfeita é uma fonte de prestígio e admiração de seus amigos — outra evidência de que você chegou lá.

Essa é uma síntese, talvez um pouco caricatural, para ajudar no nosso argumento. Com tudo isso, podemos considerar que a pessoa "chegou lá".

E depois? O dia seguinte? A linha do tempo continua em ação, colocando a roda da fortuna para girar novamente. A pessoa chegou lá, mas está um dia mais velha. Filhos crescem, carreiras mudam, bens e relacionamentos se desgastam, pessoas se transformam. O corpo, em algum momento, requer cuidados e atenção. A transitoriedade e a finitude da vida humana são alertas para avisar que, amanhã, será preciso "chegar lá" de novo, mas as condições talvez não sejam as mesmas.

Você chegou lá só para perceber que não há nada lá, exceto um horizonte distante.

"Nossa, que visão mais triste", você pode argumentar. "Mas essa busca por 'chegar lá' todos os dias não é um incentivo para progredir?"

Claro que pode ser. Metas e objetivos, vontade de superar quem se é buscando o aperfeiçoamento de si são parte da construção de um sentido para a vida. Isso significa incluir nessa trajetória o conhecimento das próprias falhas e imperfeições, aprendendo quais pontos integrar hoje ou no futuro, quais fazem parte de quem se é e o que você pode se tornar.

Ao contrário do que pode ser escutado em alguns discursos, esse percurso não acontece por meio da *superação* das faltas e ausências, mas de sua *integração* como parte de nossa condição. Portanto, aprendendo a *lidar* com elas — e para isso não existe fórmula.

A busca por preenchê-las só tende a levar ao excesso, à tentativa de suprir artificialmente algo que não pode ser satisfeito senão parcialmente. Mais ou menos como quando somos crianças, brincando na praia e tentamos encher um poço com água e, por mais que você se esforce, a areia sempre vai absorver o que você jogar com seu balde.

A colonização das emoções

> La emoción personal, herida, amordazada por vastos procesos de socialización *non sanctos*, se expresa aquí [...].*
>
> Diana Bellessi, *La pequeña voz del mundo*

Existe um produto perfeito para cada tipo de emoção que sentimos. Dentro do modelo atual da Modernidade, em vigor há quase trezentos anos, existe um processo cada vez mais rápido de transformação dos afetos e sentimentos humanos em oportunidades econômicas. E não se trata apenas de associar produtos com datas, como os presentes do Dia das Mães ou do Natal. Estamos diante de um complexo mais sutil de *produção* das emoções de acordo com as demandas de um momento. Aprendemos, cada vez mais, a sentir dentro de uma lógica econômica. Dito de outra maneira, estamos *colonizando* as emoções.

"Mas emoções não são individuais?", pode ser a pergunta imediata. "Quando sinto alguma coisa, sou eu que estou sentindo, mais ninguém."

---

* A emoção pessoal, ferida, amordaçada por vastos processos de socialização *non sanctos*, se expressa aqui [...] [N. do E.]

Até certo ponto, isso é verdade. Emoções, sentimentos e afetos são *sentidos* individualmente. Você não pode sentir *pela* outra pessoa, embora, em um exercício de empatia, seja possível sentir *com* ela, lembra a filósofa alemã Edith Stein. A vivência das emoções é individual. No entanto, não seria errado dizer que a maior parte de nossas emoções é *produzida* na relação com outras pessoas.

Alguns exemplos podem ajudar a entender isso.

Quando você está assistindo a um jogo de futebol com outras pessoas da torcida, cada um dos lances mexe com todo mundo ao mesmo tempo. É quase sincronizado: time atacando, vocês se levantam, olhos fixos na tela. Um chute a gol, todo mundo segura a respiração. A bola foi para fora, mãos para o alto, socos no ar de desapontamento, som de distensão ("Uuuhhh!"). A auxiliar marca impedimento, ofensas na direção da tela. Seria muito estranho se alguém sentisse algo diferente nesses momentos.

Essa sincronia mostra que todos assistindo ao jogo são afetados de modo igual. Embora cada pessoa sinta à sua maneira, naquele momento a emoção é *compartilhada*, e nós todos, paradoxalmente, somos movidos de um modo semelhante.

Até onde se sabe, você não fica emocionado se não houver algum motivo. Algo que *afete*, ou seja, que deixe uma impressão sobre você. Cada experiência vivida ao longo do dia te afeta de alguma maneira. Ela deixa você diferente do que era a um segundo atrás — por isso, quando algo não afeta, a pessoa fica *indiferente*. A origem desse tipo de afeto, como lembra o filósofo Baruch de Espinosa, em quem estou largamente me baseando nesta parte, pode ser tanto interna quanto externa.

Interna, por exemplo, no caso de nossa memória e nossa imaginação, quando *recordamos* ou *projetamos* experiências. Você tem uma lembrança feliz e, ao reviver esse momento, não está apenas recordando a situação, mas pode também reviver a alegria associada ao passado. Essa memória *afeta* você, muda algo do seu dia, mesmo durante alguns poucos segundos. Algo semelhante acontece com a imaginação: projetamos futuros, imaginamos cenas e, ao fazer isso, somos afetados pelos sentimentos atrelados a essa expectativa. Podemos ficar alegres com a antecipação de algo bom, ou tremendamente ansiosos pela tensão de algo que ainda vai acontecer.

A fonte de nossos afetos pode ser externa também.

Você pode ficar alegre pelas cores de um dia radiante. Mas, se existirem tintas mais sombrias dentro de você, mesmo o dia de verão mais lindo, do lado de fora, pode encontrar as tempestades de dentro, e só você poderia dizer qual é o resultado dessa tensão.

Mas, sobretudo, você é afetado por outros seres.

"Você não quis dizer 'pessoas', nesse caso?"

Hum... Não. Não só. Quero dizer, você tem algum animal de estimação? Cachorro? Gato? Pássaros? A presença de um bicho pode nos afetar — e muito. Ser recebida, ao chegar em casa, pela alegria de um cachorro feliz pode animar qualquer pessoa. O dia precisa ter sido muito ruim para vencer a empolgação de um filhote contente, feliz em mostrar tudo o que destruiu, ou aprendeu, enquanto você estava fora. Você também pode sorrir quando está trabalhando em home office e sua gata, discretamente, deita no teclado do computador e lança um olhar com ar de bronca ("Ei, humana, largue isso e venha brincar comigo").

E, sim, seres humanos. Ao interagir com alguém, é quase impossível ficar indiferente. Por mais breve que seja uma conversa, mesmo um simples "bom dia", já costuma ser o suficiente para despertar algum afeto — compartilhando a alegria da outra pessoa ou reparando em seu mau humor. No trabalho, um elogio pode aumentar a vontade de melhorar, enquanto uma crítica pode acabar com todo o bom humor construído ao longo do dia. Quando uma pessoa, *aquela* pessoa, faz um elogio, somos afetados em termos exponenciais; a vontade explode, como se um entusiasmo renovado dominasse. Espinosa chama isso de *conatus*, "esforço" em latim, para se referir a essa sensação que temos, em sentido figurado, de aumentar ou diminuir de acordo com o afeto de um momento.

O corpo, em geral, mostra isso: um elogio aumenta essa vontade de ser, seu *conatus*, e você sorri, movimenta a cabeça, gesticula; uma crítica, no entanto, gera uma postura corporal mais constrita, fechada em si — a expressão seria "ficar quieto no seu canto".

Evidentemente essa separação é apenas para facilitar nossa vida. Em geral, elementos externos e internos atuam juntos para mexer com nossas emoções. Você ouve uma música, ela faz você se lembrar de um momento feliz, desperta um afeto feliz, você sorri — um elemento externo despertou algo em sua memória, e a lembrança fez você sorrir.

Saber que encontros e vivências podem mexer com nossos afetos faz com que nós pensemos no seguinte: é possível moldar as emoções de outras pessoas? Digamos, a partir de um comentário alheio, de um post patrocinado de um *influencer* ou pela publicidade das grandes corporações? Os algoritmos, nas redes sociais, podem definir os sentimentos de alguém?

"Moldar" é uma palavra muito forte, mas é possível sugerir quais podem ser as emoções de outras pessoas, escolhendo cuidadosamente quais serão os afetos despertados e como fazer isso. Um exemplo é o modo como várias emoções podem ser despertadas nas datas de consumo afetivo ao longo do ano — como você já reparou, tem quase uma por mês, atingindo pontos mais altos no Dia das Mães e no Natal. Mas nem sempre o caminho é direto ou evidente.

A publicidade do Dia das Mães, por exemplo, trabalha com frequência o tema amor, como o esperado; mas há, um pouco mais abaixo da superfície, uma série de emoções subjacentes.

Um dos primeiros seria a culpa, plenamente cultivada como o oposto complementar do amor. Afinal, espera-se, amar a mãe é *normal*, é uma expectativa disseminada na sociedade, e a admissão do contrário em geral só pode acontecer no espaço protegido da terapia. Alguns discursos fazem uso disso mostrando a obrigação de demonstrar esse amor, sobretudo na forma de presentes ("valorize quem fez tudo por você"; "mostre seu amor por quem te ama"). Não valorizar a pessoa, nesse caso, é indicador para outro sentimento, a culpa.

Seria, claro, é ingênuo dizer que esse tipo de conflito nasce da publicidade do Dia das Mães ou das promoções dessa época — seja fisicamente, nas lojas dos shoppings, ou nos anúncios que pipocam pelas redes sociais. A pessoa que se sente culpada deve ter os próprios problemas no dilema entre a obrigação de amar a mãe e o real sentimento — muitas vezes escondido de si mesma nos caminhos do inconsciente. Mas talvez fosse igualmente apressado imaginar que a demonstração ostensiva do sentimento socialmente dominante, ou seja, o amor, não possa acentuar esse conflito.

Uma vez que não podemos ouvir o pensamento de outras pessoas — ainda bem, a humanidade não teria durado muito —, só podemos presumir que elas estejam com o sentimento correto para essa época. Será que só essa pessoa é diferente?

COMO LIDAR COM A AUSÊNCIA DE UM SENTIMENTO QUE, APARENTEMENTE, AFETA TODO MUNDO?

Diante da imperfeição de não conseguir sentir o que todo mundo sente, ela se pergunta se há algo errado. Só ela não consegue sentir o amor no Dia das Mães, ou a alegria do Carnaval, a harmonia do Natal, a animação do *Réveillon*, o romance do Dia dos Namorados?

Diante da perfeição compartilhada, é muito difícil não acreditar que o problema é *a pessoa em questão*.

A transformação das emoções em *commodities* — uso a palavra em inglês por sua dupla referência, à matéria-prima e ao vocabulário do modelo econômico — permite produzir e gerenciar, coletivamente, os sentimentos esperados e apropriados para cada situação. Não deixa de ser algo paradoxal: nos regimes totalitários do século XX, as pessoas eram obrigadas a sentir (ou fingir muito bem) o que era definido pelo Estado como o sentimento correto para cada situação; o modelo atual parece, ironicamente, seguir um caminho semelhante na colonização das emoções.

Katja Isaksen e Stuart Roper vão direto ao ponto. Segundo seu artigo para a revista *Psychology & Marketing*, a autoestima vem se transformando numa mercadoria, atrelada ao consumo de outros bens. Numa pesquisa realizada com 120 jovens, detectaram que ter os bens corretos na hora certa era "essencial para aceitação social, para formar e manter amizades e, dessa maneira, para a autoestima". Qual o resultado se isso não acontece?

"Exclusão, avaliação negativa dos colegas e autoestima reduzida", responde a pesquisa. A situação, explicam, fica mais complicada em famílias de renda mais baixa. Para as pessoas entrevistadas, "a posse de determinados produtos vem antes de outros indicadores de valor, como desempenho acadêmico ou sucesso no esporte".

É esperado que nós sintamos a emoção correta para uma determinada data. "Entrar no clima" seria a expressão mais comum. Levar a comemoração à perfeição, de acordo com os padrões estipulados para cada uma dessas datas, significa também consumir. Há todo um imaginário associado a cada data comemorativa do calendário, que, em geral, é facilmente traduzida em mercadorias. A expressão da emoção associada às datas está ligada ao modo como você vai *exibir* isso, e sua tradução no consumo é uma das maneiras mais simples de atingir esse resultado.

Para cada emoção associada à data há um produto, uma contrapartida econômica elaborada para deixar essa ligação mais e mais estreita. No limite, o produto se torna o veículo da emoção, o modo como se deve, espera-se, expressar com perfeição um sentimento — no vocabulário da sociologia, ele se torna um produto no mercado de *bens simbólicos*, como lembra o sociólogo Pierre Bourdieu em algumas de suas obras.

Na apropriação econômica das emoções, o sentimento se torna uma quantidade, medido e avaliado de acordo com sua conversão monetária. Esse processo faz do valor monetário um índice para medir o sentimento. Amar, dentro dessa lógica, significa dar o melhor presente, o passeio mais caro, o restaurante mais elaborado. Você pode notar isso em campanhas dessas datas que, em algum momento, sugerem "Mostre seu amor com..." ou "Expresse seu carinho com...". O elemento humano é intermediado pela coisa, colocada, nesse caso, como o centro da relação responsável por despertar os afetos associados a ela.

(Evidentemente não existe nenhum problema, digamos, em comemorar o aniversário de quem você ama num bom restaurante — seria péssimo saber que alguém não o fizesse dizendo "li em um livro que isso é parte da colonização das emoções, estou fora, vamos em um lugar barato". Também não tem problema nenhum levar no lugar barato. Você entendeu a questão, vamos continuar.)

A alegria, obrigatoriamente

A colonização das emoções é também uma maneira de mostrar uma expectativa de perfeição. O eterno positivo exibido em alguns discursos sobre a vida perfeita só pode ser mantido se cada uma das pessoas envolvidas se tornar, ao menos em público, uma vitrine desse sentimento. A imagem de perfeição contemporânea trabalha apenas com emoções positivas — as negativas parecem ser sistematicamente deixadas de lado.

Nas palavras do cientista político camaronês Achille Mbembe em *Crítica da razão negra*, "tal economia emocional implica tudo o que traz consigo a marca da vida e da morte, da abundância e da plenitude, em suma, da riqueza".

Você pode notar isso no cotidiano da linguagem, quando expressões e palavras negativas são substituídas por outras com significado mais ameno (só a título de exemplo, anos atrás uma grande empresa do setor de serviços realizou uma demissão em massa, mandando embora mais da metade de seu quadro; o comunicado oficial falava de "reestruturação para adequar a companhia aos novos tempos e torná-la ainda mais competitiva").

Um dos contrapontos dessa positividade pode estar no aumento exponencial das questões de saúde mental ligadas à ansiedade e à depressão.

Emoções negativas não ficam aprisionadas por muito tempo e costumam mandar sinais bem diretos, sejam eles físicos ou mentais. Numa entrevista a David Robson para a *BBC*, a historiadora Anna K. Schaffner, especialista em burnout, traça um parâmetro entre a necessidade de estar sempre feliz e o desgaste psíquico envolvido nisso. Segundo ela, procuramos "selecionar as boas emoções e nos livrar daquelas de que especificamente não gostamos, para podermos ser felizes todo o tempo. Isso não ajuda, pois os nossos sentimentos irão variar naturalmente".

Durante um café, tempos atrás, uma amiga relatou algo assim sobre a empresa em que trabalhava: "Eles tinham uma política de só falar nas reuniões sobre bons resultados e metas atingidas, e todo mundo precisava dar um jeito de mostrar algo bom. Mas as conversas individuais eram cheias de críticas. Às vezes eu saía chorando de uma conversa dessas, mal tinha tempo para lavar o rosto e precisava ir sorrindo para a próxima reunião. Quando você via outra pessoa com o rosto inchado, sabia que ela tinha acabado de chorar, mas não podia perguntar nada."

Escutei, ao longo dos anos, histórias parecidas de várias pessoas. Todas mulheres, e isso não é coincidência. O discurso da perfeição parece ser um eixo central na economia contemporânea das emoções. Quanto mais próxima uma pessoa está dele, maiores e mais intensos são — ou deveriam ser, porque seres humanos não são lógicos — os sentimentos alegres, a satisfação consigo mesma e a realização plena.

Emoções estão muito ligadas a questões de gênero, classe e faixa etária, entre outras. Por isso encontramos a oferta de produtos ligados a cada emoção, incluindo nisso um discurso de valor. Por isso, talvez não seja de todo errado perguntar de quem é a emoção que você está sentindo — e, para além de qualquer medida financeira, o real valor desse afeto.

É importante, nesse sentido, entender como interiorizamos alguns desses valores, como vamos ver nas páginas a seguir.

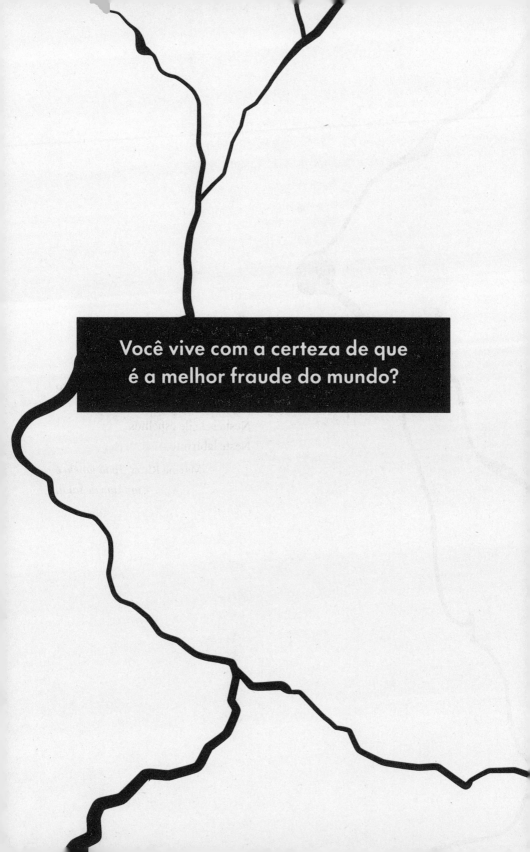

Você vive com a certeza de que é a melhor fraude do mundo?

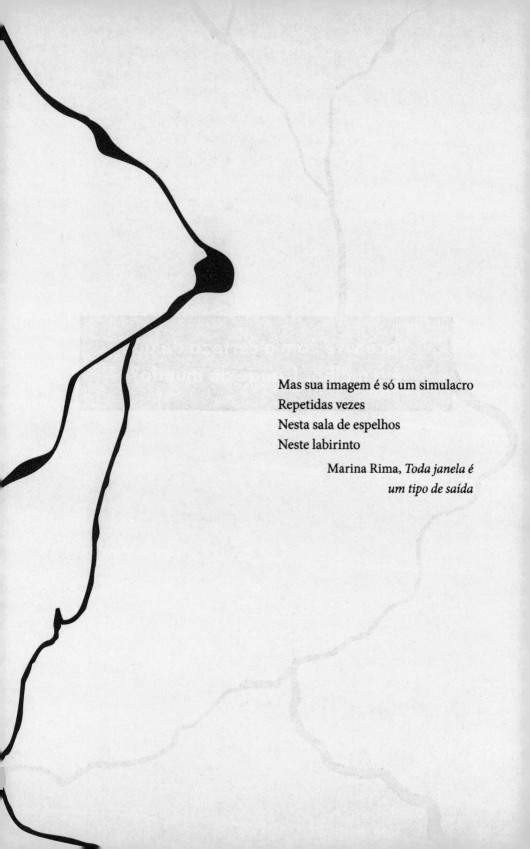

> Mas sua imagem é só um simulacro
> Repetidas vezes
> Nesta sala de espelhos
> Neste labirinto
>
> >   Marina Rima, *Toda janela é
> >   um tipo de saída*

9

A pressão de dentro: criando narcisistas deprimidos

VOCÊ JÁ RECEBEU CARINHO, ATENÇÃO E ELOGIOS E ACHOU O MÁXIMO, mas ao mesmo tempo teve certeza de que não merecia nada disso? Já teve certeza de que as pessoas estão cometendo um erro ao valorizar sua companhia, porque, no fundo, você sabe que é uma fraude? Mas, ainda assim, adora ser o centro das atenções, mesmo que uma vozinha lá no fundo diga que você não merece e nunca mereceu? Como lidou com essa contradição? Podemos explorar algumas questões nessas perguntas, importantes para entendermos a ideia contemporânea de perfeição, por meio de alguns pontos da história de Narciso.

É provável que você conheça esse mito — e, se não conhece, tudo bem, ninguém tem obrigação de saber tudo. Talvez já tenha ouvido falar como "aquela pessoa que se apaixonou por sua própria imagem", e é esse um dos aspectos centrais da história. Mas há outros elementos importantes, e resumo aqui a versão trazida pelo escritor romano Ovídio, mais de dois mil anos atrás.

Narciso era o mais belo de todos os seres e havia sido destinado pelos deuses a uma vida longa, com a condição de jamais ver sua própria imagem. Mesmo sem nunca se ter visto em um espelho, tinha consciência de sua beleza, e, por isso, desprezava os outros. Esse comportamento prepotente despertou a ira da deusa Nêmesis, que planejou sua queda. Um dia, com sede depois de uma jornada, Narciso foi tomar água em um riacho. Ao ver o reflexo de sua imagem, imediatamente se apaixonou. Sentou-se à beira da água e lá ficou, dias e dias, se admirando. Depois de sua morte, os deuses o transformaram numa flor, o narciso.

As muitas facetas desse mito são amplamente exploradas pela literatura, na mídia e na psicologia. E, sobretudo, passaram a fazer parte do vocabulário contemporâneo. Enquanto imagem da perfeição, apaixonado por si mesmo, mas também vítima de uma maldição, o mito de Narciso tem algo a nos ensinar sobre os caminhos da perfeição na sociedade contemporânea.

Ao que parece, a palavra "narcisismo" tem sido utilizada com alguma frequência para definir aspectos da vida na primeira metade do século XXI, sobretudo em relação à ininterrupta exibição de si mesmo nas redes sociais. O exemplo máximo seria a *selfie*, o autorretrato produzido para postagem imediata, recebimento de curtidas, comentários positivos e outras demonstrações de aprovação.

Sarah Lutz e Frank Schneider mostraram que tanto receber críticas quanto ser ignorado nas redes sociais mexe diretamente com a autorrepresentação dos usuários. Segundo um estudo realizado com 211 pessoas, as necessidades de pertencimento, autoestima e uma existência significativa são colocadas em xeque. No entanto, há uma diferença: enquanto as pessoas ignoradas procuram tentar novas interações, as criticadas tendem a se retirar desse tipo de interação.

Certamente é possível traçar alguns paralelos do mito de Narciso com esse cenário, mas é melhor ir um pouco mais devagar — o ideal contemporâneo de perfeição age na *selfie*, mas vai para caminhos bem diferentes também.

Um primeiro passo é separar narcisismo, amor-próprio e cuidado de si.

Narcisismo e amor-próprio são instâncias diferentes de nossa vida, com tonalidades afetivas diversas. Enquanto este último é necessário e saudável no reconhecimento de qualidades e defeitos, potências e limites, valorizando essa imagem, o primeiro está ligado a uma intensidade diferente, quase sempre trabalhando nos extremos de autoadmiração, segurança e determinação, complementados por insegurança, necessidade de aprovação, ansiedade e depressão.

Narcisismo e autocuidado não são a mesma coisa. Este último é um aspecto importante do amor-próprio, e, se bem cultivado, mostra o quanto você se importa com seu corpo, sua mente e com as pessoas ao seu redor. Longe de ser uma demonstração de amor narcísico, isso está ligado à responsabilidade perante si e em relação aos outros.

A intensidade do narcisismo contemporâneo é diferente.

As polaridades do amor narcísico

Narcisismo, em muitos casos, se traduz como um excesso do Eu. Nossa sociedade lida com um narcisismo paradoxal: aprendemos a cultuar o Eu, ouvimos que devemos nos valorizar, encontramos em todos os lugares dispositivos para agradar e cultuar a si mesmo — embelezar o corpo, alimentá-lo com coisas saborosas. Cultuá-lo, não cultivá-lo, isso gera algumas consequências.

Nós nos tornamos narcisistas deprimidos. Aprendemos a amar a imagem falsa refletida no riacho, a revesti-la de presentes, adornos e expectativas, cultivando-a como se fosse real. Enquanto isso, Narciso, a pessoal real, definha na margem do rio por não ser essa imagem. Ela deixa de se amar para cultivar a imagem e adorá-la todo o tempo.

Sempre me perguntei o que aconteceria se uma pedra caísse na água e as ondulações desfizessem a imagem de Narciso, mais ou menos como na história do patinho feio. Qual seria seu desespero ao ver seu rosto trêmulo, ofuscado por ondas, desaparecendo? Ao tentar ficar consciente de si novamente, separado de sua imagem, o que ele encontraria? Depois de tanto tempo diante de sua imagem narcísica, ele encontraria algum amor-próprio? Restaurar o amor-próprio contra a depressão narcísica talvez seja um dos grandes desafios contemporâneos.

Geralmente, quando pensamos em "narcisismo", não imaginamos essa palavra ligada à ideia de depressão. Afinal, usamos o adjetivo "narcisista" para nos referir a pessoas centradas apenas nelas, egoístas, vaidosas e cheias de si, que gostam da admiração de outras pessoas — e, quando podem, exigem isso.

Certo?

Talvez, em certa medida. Na verdade, o narcisismo está ligado, entre outros elementos, à construção de um ideal de si mesmo pelo qual se vive.

Em um texto de 1914, intitulado "Introdução ao narcisismo", Freud aponta para essa relação: o narcisismo se articula com a construção de uma imagem ideal de si mesmo. Ela é forte o suficiente para se tornar um elemento inconsciente de repressão de características que possam contradizê-la. Aquilo que, em nós, não corresponde a essa imagem ideal tende a ser reprimido, sufocado em nosso comportamento. Há, portanto, uma quebra entre quem *somos* e o ideal de quem *devemos ser*.

O ideal de perfeição como repressão

Ainda que tenha desenvolvido mais essa temática em trabalhos posteriores, Freud mostra algo a respeito das relações entre narcisismo e depressão: a dimensão do que podemos entender como "repressão". Em geral, pensamos nessa palavra como "proibição", e isso está correto em boa medida. No entanto, uma imagem ideal de perfeição pode se tornar um elemento de repressão.

Primeiro, ela leva você a agir inconscientemente, guiado por essa imagem idealizada de si. Em alguns casos, para fazer isso, você deixa de lado outros caminhos possíveis e, talvez, mais saudáveis. Cultivar uma autoimagem de perfeição pode ser um processo bastante doloroso, sobretudo pela energia, pelo tempo e pela disposição que ela consome. Ao colocar um ideal de perfeição como meta, você pode estar tentando satisfazer alguma motivação narcísica, mas ao custo de dirigir esforços, vontade e intensidade nessa direção.

Além disso, ela cria uma proibição inconsciente de falhar. Sentimos que devemos ser como essa imagem, e qualquer desvio de caminho, um problema, por exemplo, tende a ser superdimensionado. Quando projetamos isso sobre outra pessoa, nos esforçamos para não a decepcionar de modo algum. De certa maneira, estamos tentando não decepcionar a imagem idealizada de nós mesmos que trazemos em nossa mente.

Isso fica evidente não só em pensamentos como "Não posso decepcionar essa pessoa", mas também na expectativa de que ela esteja prestando *toda a atenção* em nós — ou melhor, em nosso ideal narcísico. À medida que a pessoa narcisista se entende como o centro das atenções, existe também a possibilidade de ela se sentir o tempo todo sob o foco de olhos vigilantes. Qualquer uma de suas ações, se não recebe aprovação imediata, é entendida como erro. Por isso, em alguns casos, o narcisista vive numa ansiedade constante pela validação dos outros, acompanhada do medo constante de errar. Nos pontos mais extremos, acredita que as outras pessoas estão agindo, para o bem ou para o mal, sempre em sua função.

A título de ilustração, o medo de errar, de não atingir os altos padrões estabelecidos por si mesmo, pode levar a atrasos ou mesmo a uma completa paralisação das atividades. De acordo com as pesquisadoras Ana Karla Soares, Daniely Kamazaki e Elisa Freire, há uma relação entre procrastinação e perfeccionismo. Segundo seu artigo "Procrastinar academicamente é coisa de perfeccionista? Correlatos valorativos e da personalidade", isso resulta "do medo excessivo em falhar, ou seja, com a preocupação em não cumprir os padrões". A sensação de não estar alcançando os altos padrões autoimpostos "gera sentimento de culpa e arrependimento, prejudicando o bem-estar do estudante".

Acompanhei, mais ou menos de longe, uma pessoa viver uma situação assim.

Elaine era uma profissional de primeira linha e, por volta dos 30 anos, já ocupava um cargo importante numa empresa de seu setor. Seu talento para a atividade que realizava era incontestável, e a admiração de colegas e amizades fazia um enorme bem para ela. No auge, além de sua atividade, dava palestras em universidades e empresas para falar de sua trajetória.

Quem a conhecia mais de perto, no entanto, mencionava sempre uma crescente irritação e um persistente mau humor, incompatíveis com sua trajetória. Fiquei sem notícias suas durante alguns anos.

Acabamos nos esbarrando muito tempo depois em um shopping center de uma cidade no interior de Minas Gerais. Ela tinha abandonado seu cargo corporativo devido a um problema grave de saúde e estava muito mais feliz, segundo ela, com uma pequena loja por ali.

Notem que essa história está bem distante de algo relativamente comum, a ideia de "abandonei tudo, hoje fiquei rico e sou feliz". Elaine precisou abandonar uma carreira em ascensão, o sucesso financeiro, e se ajustar a uma vida bem mais modesta em relação ao padrão econômico.

"Eu fiquei muito mal", me contou. "Não conseguia mais manter aquela personagem." Mas não era bom? "Esse é o problema: era ótimo, eu me sentia o máximo durante o dia. Só não entendia por que ficava tão mal de noite." Ao abandonar um ideal de perfeição, ela reencontrou alguém bem menos interessante, mas talvez mais autêntico.

Ah, um ponto importante: ela *pôde* fazer isso. Essa opção de deixar para trás uma condição de vida para buscar a si mesmo é rara. Às vezes, a pessoa se sujeita a seguir cultivando essa imagem ideal porque, na prática, depende dela para viver — e cada pessoa sabe quais lutas precisa enfrentar. Mas é importante, ao menos, localizar e entender os sintomas que uma situação dessas manifesta.

A EXCESSIVA LUMINOSIDADE DECORRENTE DA IDEIA DE PERFEIÇÃO PROJETA UMA SOMBRA PROPORCIONAL NA PESSOA E NA SOCIEDADE.

A civilização povoada por discursos de autoconfiança, motivação e sucesso aponta para uma geração de pessoas ansiosas e deprimidas. Não é uma contradição, é uma consequência. A dificuldade de criar laços com os outros decorre em parte da dificuldade de nos conectarmos com nós mesmos.

Um dos resultados próximos é a chamada "síndrome de impostor". Em sua pesquisa em Psicologia Social, Aline C. Almeida sintetizou quatro aspectos que podemos relacionar ao narcisismo ferido:

FRAUDE	Sentimento de não ser autêntico, de enganar as pessoas ao redor em relação a sua competência e acreditar que todo sucesso alcançado está relacionado a fatores como sorte, enganação, charme ou pelo acaso, e não pelo merecimento, esforço, talento ou competência.
AUTODEPRECIAÇÃO	Dificuldade/incapacidade de internalizar o sucesso que alcança; em vez disso, internalizar o sentimento de falsidade intelectual.
MEDO DA AVALIAÇÃO	Sentimentos de preocupação, insegurança e ansiedade em relação às tarefas nas quais almejam alcançar sucesso (acadêmicas ou profissionais). Assim, o indivíduo tem medo ou pavor de ser avaliado e evita situações de avaliação (seleções, entrevistas, provas, testes e até situações mais cotidianas em que pode ser julgado por outrem), tentando fugir dos sentimentos de tristeza, vergonha e humilhação caso não obtenha êxito.
PERFECCIONISMO	O indivíduo com sentimentos impostores tem a necessidade de ser "o melhor" em suas atividades, tendo em consideração a ideia de que precisa se esforçar mais do que qualquer pessoa para conquistar sucesso.

Fonte: ALMEIDA, Aline C. *Sou uma fraude (?)*: Explicando a síndrome do impostor. 2020. (Doutorado em Psicologia Social) — Universidade Federal da Paraíba, João Pessoa, 2020.

Entre o eu ideal e o eu real

Um narcisismo ferido muitas vezes surge quando não conseguimos atingir o padrão ideal de perfeição que propomos para nós mesmos.

Em alguns casos, esse padrão é inspirado em pessoas que conhecemos e admiramos. Queremos impressioná-las, ganhar sua aprovação e, sobretudo, não podemos decepcioná-las. Isso acontece ainda mais quando idealizamos a pessoa e projetamos nela um ideal de perfeição.

Em alguma medida isso pode resultar em aspectos positivos: é bom ter alguém em quem se inspirar, sobretudo se prestarmos atenção no ser humano real diante de nós, incluindo suas fraquezas, hesitações e problemas. Um aspecto bonito da identificação é encontrar, no outro, as marcas que trazemos em nós. Ver que eles também erram e se enganam, que todo mundo traz feridas e cicatrizes. É na vulnerabilidade, não no triunfo, que reencontramos o rosto humano da outra pessoa.

Às vezes, em vez de nos inspirarmos na pessoa real, passamos a ser assombrados pelo ideal dessa pessoa perfeita que construímos. Diante de um ser humano, podemos ser humanos; diante de uma imagem divina, desaparecemos, falhos e limitados.

Essa imagem ideal do outro passa a ser a régua pela qual medimos nossos esforços e resultados e, a partir daí, procuramos atingir esse nível, mesmo às custas de nossa saúde, tanto física quanto mental. Passamos a ver sinais nas suas atitudes; buscamos migalhas de aprovação que nos deixam felizes; ficamos preocupados diante de qualquer falta de interesse; sofremos com a crítica. Queremos impressionar essa projeção narcísica que construímos da outra pessoa, na qual projetamos as expectativas de nosso eu. Os esforços para atingir esse patamar muitas vezes levam a consumir uma energia muito intensa. Ela é visível, entre outros pontos, no tempo destinado a tarefas ligadas a essa pessoa ou ao ambiente no qual ela está inserida.

Lidamos, em nossa mente, com essa imagem ideal, e, na tentativa de não a decepcionar, nossos principais esforços são direcionados para conseguir receber dela sinais de aprovação e de boa vontade. Em certa medida, estamos buscando ficar em bons termos não com a pessoa real, mas conosco, a partir da intermediação dessa imagem criada. Ela se torna o fiel da balança responsável por mostrar em qual patamar estamos.

Você não precisa de cobranças externas quanto tem essa paradoxal imagem de um ideal sombrio em sua mente. Ele será mais autoritário do que qualquer fonte real de autoridade. Está ligado 24 horas por dia lembrando você do ideal narcísico a ser atingido — se não for, você vai decepcionar a outra pessoa. Ou melhor, a imagem idealizada dela.

Anos atrás, Vítor, um amigo publicitário, conseguiu o emprego de seus sonhos numa agência famosa. Além de estar em um cargo muito bom, especialmente considerando sua idade, 23 anos, havia outros méritos: tinha sido aprovado em um processo seletivo difícil, com um currículo de quase cinco anos de experiência — começou a trabalhar no início do curso universitário. A cereja do bolo: ele trabalharia diretamente com o dono da agência, um dos profissionais mais respeitados e premiados do setor, além de seu ídolo particular e uma de suas inspirações. "Foi depois de uma palestra dele que eu decidi seguir por essa área. Eu não queria ser só publicitário, queria ser *ele*."

As primeiras semanas foram boas, mas logo começou a sentir um deslocamento. Apesar de sua experiência e profissionalismo, as coisas não eram como ele imaginava. Gostava do emprego, mas ia trabalhar agitado. Ficava tenso na presença do ídolo e tomava qualquer palavra sua, de incentivo ou de correção, como lei; procurava cumprir à risca, com o máximo de eficiência, todas as tarefas, trabalhando em um permanente estado de medo e tensão.

Ele havia criado em sua mente uma imagem ideal do dono da agência e começou a projetá-la sobre a pessoa real. Essa figura se tornou o centro de suas preocupações: o que ela, do alto de sua perfeição, estaria pensando dele? De que forma escapar a esse olhar vigilante de uma criatura ideal, quase uma imagem divina? Como agradá-la, jamais decepcioná-la? Nas reuniões, o máximo era ser mencionado pelo dono da agência de forma positiva; qualquer crítica ou sinal de desinteresse era o suficiente para deixá-lo preocupado durante o restante do dia. (Curiosamente, o dono da agência em geral gostava de seu trabalho, como ele me contou anos depois. Nunca tinha feito críticas mais duras, exceto algumas poucas correções em questões pontuais.)

Relacionando-se com essa imagem ideal, mais do que com a pessoa real, sua capacidade no trabalho desmoronou.

Era um esforço enorme para cumprir qualquer tarefa, porque sempre julgava o que quer que fizesse tendo em mente o que o dono da agência — ou melhor, a versão idealizada que ele trazia consigo — acharia. Suas relações pessoais logo passaram para segundo plano, minando o que poderia ter sido sua rede de apoio.

O nível de autocrítica era tal, que, a partir de certo momento, Vítor não conseguia finalizar nenhuma atividade: começava, apagava, recomeçava de novo e de novo, sempre achando que não estava bom o suficiente. E, em mais de um caso, o prazo estourou.

Nesse momento, as críticas da pessoa real — o dono da agência — eram ampliadas a uma dimensão fantástica. Para Vítor, isso só reforçava sua sensação de inferioridade, de não estar à altura do padrão exigido.

Uma das características desse tipo de narcisismo pode ser vista aqui. Vítor se sentia no centro do universo e imaginava que toda a atenção do dono da agência era voltada a ele. Existia uma fantasia de autoatribuição de importância, quebrada quando houve, de fato, a decepção por não entregar as coisas no prazo.

Esse descompasso mandou a conta depois de alguns meses na forma de uma crise de saúde mental no metrô, a caminho da agência. A imagem da perfeição, em sua mente, tinha vencido. Ele pediu um afastamento e, pouco tempo depois, acabou indo para outra assessoria de comunicação.

Espelho, espetáculo

Dos muitos aspectos do mito de Narciso a serem explorados como imagens da vida contemporânea, me chama a atenção o fato de um dos pontos centrais ser um reflexo. O espelho cria uma imagem invertida, o negativo do objeto. De certa maneira, por mais que pareça refletir a realidade, um espelho parece estar mais próximo da ilusão — mas Narciso se apaixona por essa ilusão na qual imagina ver seu retrato fiel.

Narciso não ama aquilo que não é Narciso: não gostamos de ver, nas redes, conteúdos diferentes daqueles com os quais concordamos. A polarização política, ampliada pela ação dos algoritmos, tem uma dimensão narcísica: ficar perto daqueles que concordam comigo, que pensam como eu, reforça minha imagem de perfeição; a opinião diferente é a pedra na água que desmancha essa imagem perfeita e harmoniosa e, portanto, deve ser combatida.

Certamente é importante, para nosso amor-próprio, o sentido de comunidade e identificação, ou seja, encontrar pessoas que pensam como nós. Trata-se da oportunidade de criar laços e reforçar vínculos de questões em comum. Isso permite agir e transformar a realidade: fortalecidas por esse amor-próprio em comum, é possível dialogar com outras pessoas e grupos. O narcisismo, como modalidade política, nega esse diálogo e se recusa a falar com quem não estiver disposto a ecoar as suas opiniões.

A descrição de que Narciso está olhando em um espelho de água também sempre foi um ponto de destaque para mim. Podemos imaginar que, no primeiro momento, a água estava parada e Narciso viu uma imagem fiel de si mesmo. No entanto, basta um movimento para essa visão se desfazer. Se você já olhou seu reflexo na água, sabe que é uma imagem sempre ondulante, em movimento, com cores e formas particulares. E, mesmo assim, Narciso se apaixona. O que ele vê, como imagem, é belo o bastante para criar um encantamento, mesmo não sendo real. Um encantamento pelo imaginário é uma parte importante, talvez sombria, desse mito. É por esse caminho que o narcisismo, longe de ser um fator de cultivo de si, pode apresentar uma dimensão destruidora.

Somos constantemente estimulados a projetar nossa imagem narcísica sobre algo, produtos, serviços, a imagem da eterna juventude, o corpo perfeito ou qualquer coisa que possa ser comprada/adquirida como espelho narcísico, isto é, que se torne então o espelho no qual nos vemos. E então esse objeto, no qual projetamos nossa imagem perfeita, nos é tirado, mostrado como inatingível ou substituído por um melhor, gerando algo maior do que a frustração, o desespero por ver nossa imagem perfeita se dispersar. Todo o esforço projetado para fora, mostrado como inútil, se volta para dentro, na forma de desinteresse e autorreferência. Em vez de trabalharmos essa falta, tentamos convertê-la em excesso.

É o que vamos ver a partir de agora.

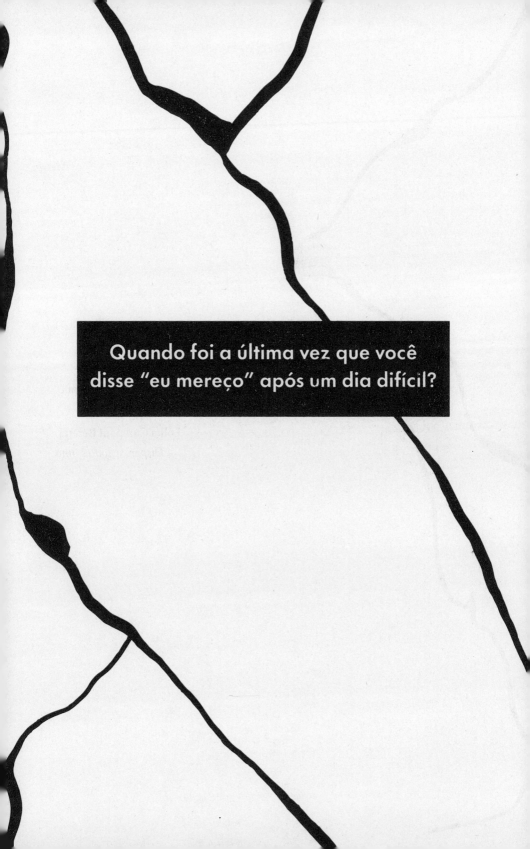

Quando foi a última vez que você disse "eu mereço" após um dia difícil?

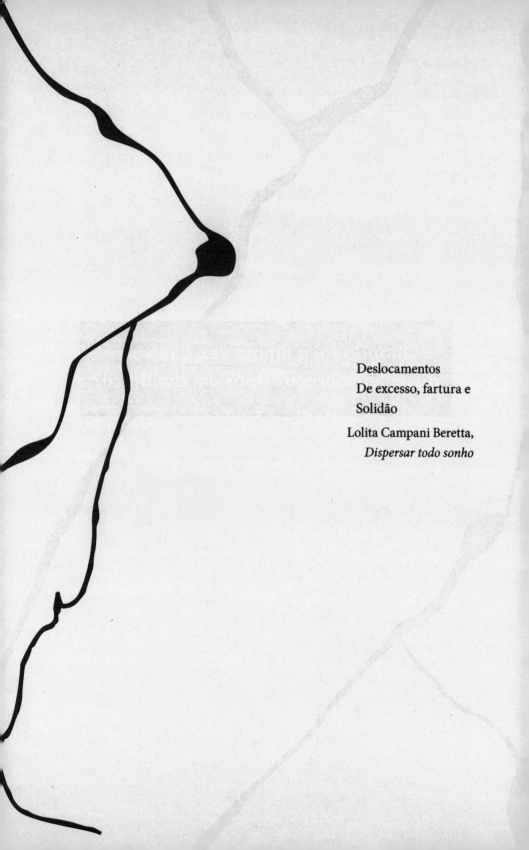

Deslocamentos
De excesso, fartura e
Solidão

Lolita Campani Beretta,
Dispersar todo sonho

Desejo, capital e perfeição: a falta na lógica do excesso

COMPRE, APROVEITE, NÃO DEIXE PARA AMANHÃ. A GENTE PARCELA, dá um jeito. Você merece. Mas, exatamente, *por que* você merece? "Meu dia foi difícil" ou "Eu fiz tudo o que estava planejado" estão entre as respostas. Então você merece. Podemos perguntar, de saída, se esse merecimento não é a compensação por aquilo que não foi atingido, se ele não preenche uma ausência, mesmo nas situações em que, aparentemente, comemoramos alguma coisa.

Transformamos a falta, condição própria do ser humano, em um problema a ser combatido. Queremos preencher nossas incompletudes a qualquer custo, esquecendo que elas são uma parte importante do que nos define. Esse vazio não pode ser preenchido por nada além de nossa própria existência, mas raramente alguém nos conta isso. Ao contrário, todos os dias chegam até nós receitas e promessas de uma vida plena — conquistar a pessoa amada, o modelo mais recente do *smartphone*, experimentar essa nova delícia ou emagrecer até oito quilos em duas semanas.

É possível, diante desse cenário, nos sentirmos compelidos a uma busca incessante de objetos e experiências na tentativa de nos tornarmos completos. O resultado dessa ilusão é uma das principais características de nossa sociedade: o excesso.

DIANTE DE UM VAZIO QUE NÃO PODE SER PREENCHIDO, A CONSEQUÊNCIA DA BUSCA INCESSANTE POR SUBSTITUTOS DESSA EXPERIÊNCIA É O EXCESSO.

Os índices de endividamento em cartão de crédito e as estatísticas referentes a distúrbios alimentares podem ser vistos como sintomas do mesmo fenômeno. Da mesma forma, o consumo de medicamentos voltados para o bem-estar psíquico e os dados crescentes sobre questões de saúde mental podem ser entendidos como sintomas dessa procura de objetos externos sobre os quais se pode projetar nossa vontade de completude, na esperança de que algum deles, finalmente, nos torne seres plenos.

Dizer que a falta é um ponto central da condição humana não é um discurso dos mais populares, é verdade. É mais fácil prover uma ilusão confortável de que a felicidade está em algum lugar, e basta você tomar uma atitude — comprar algo, aderir a um grupo, acordar mais cedo — para chegar lá.

O consumo atua na compensação das violentas ausências, faltas e vazios provocados pelas dinâmicas da sociedade contemporânea. A cultura do "eu mereço" coloca o sacrifício, o esforço até o limite, como uma dimensão natural da vida, algo a ser recompensado. Ela neutraliza o sentido negativo do sacrifício, apresentado como forma natural da vida, e transfere para o consumo a responsabilidade pelo prazer e pela satisfação, entendidos como compensação desse esforço.

Curiosamente, não é um efeito diretamente compensatório. Não é porque você está se sentindo triste que precisa de um carro novo. Ao contrário, uma pesquisa de Anika Stuppy, Nicole Mead e Stijn Osselaer sobre consumo e autoestima mostrou que, em alguns casos, consumidores com baixa autoestima não conseguem comprar produtos topo de linha, mesmo quando têm poder aquisitivo para isso. Por quê? Porque não acham que *merecem* algo muito bom. "Consumidores preferem produtos de qualidade inferior que validam sua autoimagem pessimista" explica a pesquisa. Trata-se do "não mereço isso" como um oposto complementar, não de todo intuitivo, à ideia do "eu mereço".

A ausência de poder das pessoas, a falta quase total de controle sobre a maior parte de nossa vida, é compensada pela ilusão de poder proporcionada pelo ato de consumir.

No momento do consumo, no ato da aquisição, dirigimos nosso desejo para o objeto e *conseguimos* realizar nossa vontade. Em geral, temos uma tendência a associar consumo com "compra" e, de modo mais direto, "dinheiro". No entanto, essa perspectiva precisa ser um pouco mais ampliada se queremos entender o desejo de perfeição na sociedade.

O consumo está ligado, entre outras coisas, ao *poder*. Só é possível consumir aquilo que se domina. Esta poderia ser uma maneira de entender o poder: a capacidade de decidir e impor sua decisão a alguém. E esse domínio, por sua vez, é obtido por meio do exercício de algum tipo de força, não apenas física, mas também qualquer outro tipo de recurso que, quando utilizado, pode levar alguém a fazer a sua vontade. Algumas autoras e autores, interpretando esse quadro com base no modelo econômico contemporâneo, denominam essa força, esses recursos, de *capital*.

Na lógica econômica contemporânea, toda e qualquer capacidade humana pode ser automaticamente convertida em capital e, a partir disso, empregada para se obter alguma outra coisa. No jogo de poder entre desejo e capital, o inconsciente pouco diferencia entre coisas e pessoas — tudo se torna objeto, passível de ser consumido.

Em suas variadas formas, o capital mobiliza um imenso arsenal de emoções, oferecendo ao sujeito contemporâneo um espaço para manifestação de sentimentos que, de outra maneira, talvez não chegassem à superfície. Por exemplo, a sensação de poder, a autossatisfação, a percepção do domínio sobre as coisas e pessoas, a compensação por estar fora de algum padrão (expresso em frases cruéis como "não existe gente feia, existe gente pobre"). Ou a possibilidade de despertar em outras pessoas um sentimento de inveja que, de certa maneira, alimenta o narcisismo de quem se sabe invejado.

O capital, em suas variadas formas, é transformado em afeto. A realização momentânea do desejo, no consumo, reforça a ilusão de potência do ser. Esse mesmo ser despotencializado no cotidiano, humilhado, contido em suas outras relações pode, no momento do consumo, afirmar diante de si mesmo a capacidade de conquista. Representa a extensão de nosso domínio sobre as coisas, demonstrando para a pessoa que ela pode. Ao menos nesse momento, dessa vez que seja, ela pode.

O ato de consumir está ligado à sensação de controle do objeto do desejo. Esse objeto, que nos escaparia de todas as outras maneiras, apresenta-se de maneira dócil diante de um poder simbolicamente apresentado na forma do capital. Por um instante, você consegue estar no controle, escolhe, decide a cor, o modelo e o tamanho. Inclusive da pessoa, em certos casos: em alguns aplicativos de relacionamentos, é possível definir, de antemão, as características de quem você quer ver no aplicativo.

Não por acaso, durante milênios o poder patriarcal foi exercido, dentre outras maneiras, pelo controle financeiro do homem sobre a mulher, sobretudo do pai em relação à filha e do marido sobre a esposa: o domínio sobre a mulher, intermediado pelo capital, permitia ao homem sentir que estava no comando da situação. O trabalho feminino, como aprendemos com a socióloga italiana Silvia Federici, foi historicamente negado e diminuído. Seu reconhecimento poderia garantir às mulheres a possibilidade de disputar o domínio do mundo como, de fato, aconteceu em alguns lugares a partir dos anos 1960 — graças às inúmeras lutas e reivindicações. Direitos, aprendemos, são conquistados, nunca dados.

Consumir para compensar

Em seu livro *El sueño de vivir sin trabajar* [O sonho de viver sem trabalhar, em tradução livre], o pesquisador argentino Daniel Friedman, após vários anos estudando o discurso sobre a felicidade em seu país e nos Estados Unidos, mostra como o sacrifício de hoje, por maior que seja, é apresentado como um passo necessário para a felicidade de amanhã. Mas qual é essa felicidade? Segundo o pesquisador, como está no título do livro, "viver sem trabalhar", tendo o suficiente para não precisar mais depender de seu trabalho — e, por tabela, de outras pessoas.

O sonho de consumo, de certa maneira, é a autonomia, o domínio sobre a própria vida — o único que, paradoxalmente, não pode ser comprado de forma alguma.

Exatamente por isso a perfeição é um produto ideal no modelo econômico contemporâneo.

Dessa maneira, chegamos ao paradoxo do consumo: consumir para compensar um ausente que se torna ainda maior depois da desaparição programada do objeto. Mas essa frase pode soar um pouco complexa, e é melhor entendê-la por partes.

O consumo, como já vimos, está ligado a um sentimento de controle sobre o desejo.

Só podem me oferecer o que já desejo. Esse desejo pode existir em vários níveis, tanto consciente quanto inconscientemente, e decerto é possível direcionar elementos do desejo para esta ou aquela finalidade. Mas, ao que parece, é difícil criar necessidades onde não há uma vontade prévia, mesmo quando desconhecida da própria pessoa.

Por isso se vende a perfeição como objetivo a ser atingido, em um caminho mediado por aquilo que estão oferecendo — o produto de beleza, o plano na academia, a fórmula para conquistar os outros. A partir disso se chegaria a uma vida completa, sinônimo de felicidade.

O desejo de perfeição se equipara com a vontade de completude: ter a família perfeita, o emprego dos sonhos, a pele, o corpo e o rosto ideais seria suficiente para preencher as faltas.

É sedutor imaginar a expectativa de realizá-lo. Dizer "não" na hora de comprar, só quando você está sem dinheiro ou porque o cartão de crédito estourou. O impulso de compra é rápido, muito bom, e traz essa sensação boa de poder. O desejo se realiza no objeto e, por um breve momento, *isso é meu*.

As ressonâncias psicanalíticas dessa última frase podem seguir por várias trilhas, mas, de alguma maneira, estão ligadas à expectativa de satisfação do desejo pela posse do objeto. O elemento de compensação nessa alegria momentânea proporcionada pela via do consumo é um pálido reflexo da profundidade em que se escondem os reais desejos, o sentimento de falta, a incompletude da qual todos nós somos feitos. Não se resolvem problemas existenciais numa liquidação.

"Ah, resolve, sim. Só quem já fez isso sabe como é bom", talvez você responda, e com razão. Naquele momento da compra, você é incrível. Você é *dono*. O objeto, novamente essa expressão, *é seu*. Quantas ausências estamos tentando preencher nesse momento? Durante um breve instante, o objeto de desejo, o sonho de consumo preenche esse vazio. Ele ficará lá enquanto estiver revestido do véu cintilante da novidade, enquanto *ainda* parece capaz de realizar todos os sonhos.

Mas nenhum objeto é feito para durar, e logo seu *smartphone* é ultrapassado por outro modelo, seu carro deixa de ser zero quilômetro, sua roupa deixa de ser nova. E, ainda que nada disso mudasse, se um *smartphone* mais avançado não fosse lançado, a cintilância do desejo desapareceria depois de um tempo. O problema não está no objeto, mas no desejo lançado sobre ele. Isso o torna, momentaneamente, perfeito.

A imaginação de atrair o olhar da vontade do outro pode fazer você buscar, com intensidade, objetos que, de outra maneira, não atrairiam necessariamente seu interesse. Porque a outra pessoa tem, você precisa ter. Porque ela deseja, você realiza isso em si mesmo.

Quero esse corpo para que o outro, que deseja esse corpo, deseje *meu* corpo. A busca pelo objeto de desejo não se pauta exclusivamente na satisfação de si, mas na possibilidade de atrair a vontade do outro. A procura pelo corpo perfeito, pela eterna juventude ou outro índice da perfeição contemporânea passa por uma trama de movimentos da vontade. É preciso que alguém se mostre interessado naquilo para despertar meu interesse.

Mas não *qualquer* pessoa, bem entendido. É necessário trazer, como modelo, personagens responsáveis por exibir as potencialidades de conquista do objeto. Por isso os *influencers* são tão fortes nas redes sociais: a exibição de suas conquistas, preferências ou opiniões se torna um caminho para fazer a vontade das outras pessoas entrar em ebulição. Se é objeto do desejo de outro, então eu desejo. Se ninguém quer, também não quero — e a exibição, numa tela, do desejo e de seu objeto, pode ser um fator de base no direcionamento da vontade de alguém.

Esse desejo de transformação se manifesta, muitas vezes, no corpo. A partir de entrevistas com mulheres que passaram por procedimentos cirúrgicos estéticos, as pesquisadoras Sabrina B. Ferraz e Fernanda B. Serralta, no artigo "O impacto da cirurgia plástica na autoestima", mostram como a imagem de si supera a dor:

> Mesmo enfrentando um pós-operatório doloroso, com exigência grande de cuidados e uma limitação temporária de atividades e movimentos, todas as entrevistas verbalizaram que a dor do "defeito" é maior. A dor física torna-se pequena perto da dor mental de ter que conviver com algo que não se aprecia.

As ressonâncias do desejo

Criar o desejo de um objeto perfeito, capaz de preencher de uma vez por todas as nossas incompletudes, é talvez a maior expectativa de qualquer mercado. Pelo tempo em que projetarmos nosso desejo nele, ele será incrível. Isso vale para coisas e, ao que parece, também para pessoas. Quando estamos apaixonados, temos a tendência a projetar nosso desejo sobre a pessoa de tal maneira que ela se torna um objeto da perfeição, e estamos dispostos a justificar qualquer uma de suas ações.

Trata-se de uma sensação de domínio, de poder, e talvez as sombras dentro de você aprendam a apreciar isso. Você não tem, ou não teve, alguma coisa; algo faltou e vai faltar para sempre, mas, no momento da compra, e por um breve período depois disso, você retoma o controle — *isso é meu*.

(Mas é bom tomar cuidado com essa ideia de "compensação" no sentido literal. Ao que parece, nada na mente humana tem apenas um significado. Quando falo que o consumo está ligado à tentativa de preencher ausências mais profundas, desconhecidas de nós mesmos, é exatamente isso — não fazemos ideia do que há nas profundezas de nossa mente. Sem esse cuidado, podemos facilmente cair numa ideia redutora desse processo, em frases como "Ah, ele nunca teve isso na infância, agora tem" ou "Ela teve um pai ausente, agora compensa comprando uma Ferrari".)

Existe um consumo ligado à necessidade, sem dúvida, mas não é desse tipo de consumo que estou falando. Até porque ele não oferece a perfeição como satisfação de ausências do inconsciente, mas coisas bem mais concretas. Ele pode oferecer bem-estar, conforto e dignidade — infelizmente, em um contexto marcado por violentas desigualdades, eles são vistos como privilégios, quando poderiam ser entendidos como parte dos direitos de uma pessoa.

Anos atrás, uma amiga que se chama Jussara, quando as coisas estavam particularmente complicadas em seu trabalho, decretava: "Dia Internacional da Jussara". E saía para fazer compras, almoçar em restaurantes bons e gastar sem se preocupar. Arranjamos uma desculpa para a nossa consciência e falamos "aqui eu preciso" ou "eu mereço".

Que você merece, a gente sabe. Mas precisa?

Diz uma história que Sócrates, na Grécia Antiga, estava passeando pelo mercado de Atenas com os seus discípulos. Os jovens olhavam atentos para as mercadorias em exposição. A certa altura, perguntaram ao filósofo:

— E a você, Sócrates, nada disso impressiona?

Sócrates olhou e disse:

— Nossa, quanta coisa de que eu não preciso.

Talvez uma das reflexões que podemos fazer é se eu realmente preciso. Será que não tem muita coisa da qual, assim como Sócrates, você não precisa?

Ao colocar todos os desejos no mesmo patamar, você perde a hierarquia deles. E, sem saber o que se quer, qualquer objeto se torna atraente para nossa vontade — é como ir com fome a um supermercado, disposta a comprar qualquer coisa.

Quando o consumo se torna a razão de ser do próprio consumo, você está perto de uma fronteira na qual ele se transforma em desperdício.

Outra pergunta é quanto a sua felicidade depende da posse de alguma coisa e não de você mesmo. Uma das maneiras de lidar com esse bombardeamento de estímulos aos desejos do mundo contemporâneo é perguntar "Por que estou indo lá comprar?". Não é se "eu preciso" ou "não preciso", mas questionar o *impulso* por trás da aquisição.

Esse processo nos permite nos conhecer melhor e retomar algo fundamental no ato de consumo — o *sentido*.

Assim como Sócrates, outras duas filósofas trazem contribuições para o tema.

A filósofa francesa Simone de Beauvoir, uma das figuras mais importantes do pensamento e do feminismo do século XX, conta uma história ilustrativa em seu livro *Memórias de uma moça bem-comportada*. Por volta do final dos anos 1920, ela estudava na Escola Normal Superior, em Paris, uma das mais prestigiadas instituições de ensino na França. Entre suas colegas estava outra Simone: Simone Weil. Filósofa e ativista política, além de dona de uma grande reputação, aos 12 anos já falava grego arcaico e mostrava um comprometimento político proporcional à sua capacidade.

Beauvoir conta seu único e breve encontro com Weil, e podemos reimaginar a cena. O jeito de se vestir de Weil, seco e austero, era apenas uma das características destacadas por sua xará.

— Somente uma coisa importa — disse Weil logo no começo da conversa. — A revolução mundial dará de comer a todas as pessoas.

— O problema não é trazer felicidade aos homens, mas um sentido para sua existência — respondeu Beauvoir.

— Bem se vê que você nunca passou fome — cortou Weil, encerrando a conversa.

Que lições podemos tirar desse breve diálogo? Evidentemente não é definir a resposta certa ou errada, mas olhar com atenção nossas preocupações — o sentido da vida importa quando não há comida? E qual a importância de ter boas condições materiais quando a vida não faz sentido? Longe de encerrar o assunto, a lição que as duas Simones trazem é colocar em perspectiva quais são nossas prioridades — talvez sem criar hierarquias e sem julgar as dos outros.

A PERFEIÇÃO SÓ PODE SER UM PRODUTO DE SUCESSO SE ENCONTRAR UMA EQUIVALÊNCIA DENTRO DE NÓS. O DESEJO TORNA O OBJETO PERFEITO E, AO MESMO TEMPO, SE TORNA UM OBJETO PERFEITO.

Prazer sem satisfação

De certa maneira, um fundamento da moral contemporânea pode ser expresso na ideia de um hedonismo frustrado, ou melhor, de um hedonismo que frustra a si mesmo em sua origem. Uma cultura definida pelo excesso de sensações carrega em si a angústia de não conseguir separar as coisas, pesá-las e procurar compreendê-las a partir de mais de um ponto de vista.

A CULTURA DA PERFEIÇÃO ESTÁ INVERSAMENTE LIGADA À SENSAÇÃO CONSTANTE DO "EU MEREÇO": POR A VIDA NÃO SER PERFEITA, MEREÇO ESSE PRODUTO.

O excesso de prazer, até onde se sabe, provoca o tédio, não a satisfação. O excesso de consumo encontra seu paralelo no excesso da miséria, e vale perguntar, numa provocação, se estamos falando de coincidência ou uma relação de causa e efeito.

"Mas excesso de quê que você está falando?", você pode perguntar.

Tem razão, está um pouco abstrato.

A resposta mais honesta seria "excesso de tudo" — alegria, tristeza, poder, ódio, miséria, dinheiro, razão e sensibilidade, à disposição de variadas maneiras para serem rapidamente consumidas na busca de uma experiência, de sentir alguma coisa.

'Como assim 'excesso de tudo' se muita gente não tem nem o que comer?"

Esse é o ponto: o excesso não significa apenas "ter muita coisa" em termos materiais. Podemos falar em excesso de riquezas tanto como de pobreza, desigualdades e miséria. Nos dois casos estamos falando de algo exagerado, maior do que o esperado ou necessário, fora da trilha. Esta, aliás, é uma das origens da palavra.

"Excesso" poderia ser traduzido como "sair do caminho". A expressão vem do latim *excedere*: *ex-*, como você sabe, significa "algo que está fora e não deve voltar nunca mais" (use esta definição nas situações que achar melhor), e *cedere*, "caminho". Jogando com a raiz da palavra, o que tira você do caminho é o *ex-cesso*; a trilha até outro lugar é o *a-cesso*. Nos dois casos, está a noção da existência de uma via — no excesso, esse percurso é deixado de lado para se seguir outro.

Karl Marx, em *O capital*, indicava que passaríamos do reino da necessidade para o reino da liberdade; de certa maneira, uma parte da população saiu do reino da necessidade, mas rumo ao reino do excesso — inclusive na construção de extremos, nos quais o tamanho do patrimônio de algumas pessoas se contrapõe à dimensão relativa da miséria de outras. Excesso, mas também de necessidades.

Mas uma cultura do excesso só é possível a um preço: transformá-lo em algo corriqueiro, trivial, *normal*. Aprendemos a deixar de ver o excesso como extraordinário, excepcional, e passamos a achá-lo normal. É normal trabalhar além do horário, de qualquer horário, e testar os limites da saúde; é normal deixar de lado indicativos de saúde mental e seguir exalando positividade; é normal falar dos bilhões de dólares de uma pessoa e dos indicadores globais de pobreza. O excesso é a consequência de uma sociedade pautada na quantidade — na ausência da qualidade, só o exagero pode oferecer a experiência que se procura.

A ilusão da facilidade para conseguir o que se quer, sobretudo em termos materiais, cria as condições para o nascimento de uma cultura do excesso. Há toda uma variedade de crédito e produtos para as diversas camadas sociais — a partir de uma determinada faixa, bem entendido — se lançarem nessa aventura. Mas, independentemente da classe social, esse discurso é talvez um dos mais sedutores da vida contemporânea, em especial por se apresentar como vizinho da felicidade.

E, principalmente, por não se apresentar como excesso. Essa talvez seja uma das mais curiosas transformações no significado das coisas: na sociedade contemporânea, o excesso é apresentado como necessidade. Eu *tenho* que ter, é imperioso, é necessário, por mais supérfluo que seja. Nessa lógica, mesmo que eu não precise, eu preciso. A necessidade criada não é do produto, mas de *ter* e, com isso, pertencer ao seleto grupo de pessoas que pode realizar esse desejo.

No ambiente das mídias digitais, o excesso parece reinar absoluto. Os números mostram cotidianamente certo aspecto monumental, seja no dinheiro movimentado, seja na ferocidade dos discursos de ódio, ou na quantidade de usuários ou de horas por dia passadas diante da tela do celular. Qualquer tipo de regulação deixa o excesso em pânico. Ele só pode existir ao preço do desregramento, da falta de atenção a si mesmo no que diz respeito à racionalidade das decisões.

Em um estudo sobre o comportamento de adolescentes em redes on-line, Valéria Silva mostrou que a "cultura do excesso", como chama, é o contraponto da fluidez das relações sociais contemporâneas e das "perspectivas ilimitadas oferecidas por diversos contextos da atualidade". Em outras palavras, por que o excesso? Porque eu posso.

Nesse cenário, terminam as hierarquias entre informações corretas e incorretas, entre fatos e opiniões, julgamentos e sentenças. A princípio, isso poderia ser entendido como o cenário ideal, no qual todas e todos poderiam dialogar, de maneira horizontal, apresentando seus pontos de vista, ouvindo e chegando a algum consenso.

No entanto, para ouvir o outro é necessário deixar de lado o excesso de apego às minhas convicções e à minha fala. O caminho do diálogo seria dosar a fala no sentido de abrir espaço para a escuta.

O excesso de imagens e a falta de si

Por que há excesso de fala, mas não excesso de escuta?

Não há uma resposta única, mas podemos especular em que medida o centro de todo esse processo não é o excesso de si. Ao mesmo tempo que a pessoa é cada vez mais fragilizada e ameaçada pela pressão de estar sempre na linha, de ser *normal*, busca-se o excesso como possibilidade e compensação, ou seja, o *perfeito*. Uma sociedade do excesso se pauta na experiência de um eu continuamente conectado, procurando o tempo todo uma corrente ininterrupta de sensações e afetos.

Não foram, evidentemente, o *smartphone* ou as redes sociais os responsáveis por esse tipo de cenário, mas sim nós mesmos.

Uma evidência disso é a potência transformadora dessas tecnologias quando voltadas para a formação de comunidades, criação de laços, busca por interesses, vínculos e transformações. Quando pensados em termos de diálogo, esses dispositivos possibilitam um caminho de esperança e transformação, com novas vozes conquistando espaços próprios. Mas, para isso, é necessário sublinhar o aspecto da interação entre as pessoas. Comunidades podem ser construídas quando seu interesse no aspecto comum vai além da curiosidade em curtir o *post* de outra pessoa. Precisamos de tempo, atenção e dedicação para formar e cultivar vínculos.

Entretanto, cada vez mais, na lógica do tempo superficial das redes, vemos o outro em termos de curtidas, quantidade de compartilhamentos, posicionamento político ou de produtos, e isso parece bastar para alimentar a ilusão de que estamos junto de alguém. Aprendemos a aplicar aos relacionamentos a lógica do modelo econômico vigente e buscamos resultados em vez de vínculos.

O tempo diante da tela nas redes sociais talvez seja um sintoma de algo mais profundo: estamos vendo outras pessoas, e a cada nova rolagem de tela, novo post, deixamos de olhar e perceber se há alguém ao nosso redor. O excesso de informações nos protege do outro, da dificuldade de criar vínculos que não sejam pautados na expectativa de formar um relacionamento eficiente.

Sob certo ponto de vista, o post em redes sociais cria o relacionamento perfeito para uma sociedade pautada no excesso: são muitos, muito rápidos, provocam emoções imediatas, criam um laço afetivo de curta duração, interrompido quando quisermos. Não há cobranças ou dúvidas, e o investimento psíquico é relativamente baixo tendo em vista que não existem demandas — exceto as econômicas, dentro da lógica das plataformas.

Ah, um aspecto importante: é muito difícil sentenciar se a relação de uma pessoa com as mídias digitais é "falsa" ou "verdadeira". Seria talvez um discurso apressado ou ingênuo classificar as emoções de alguém em categorias desse tipo — a subjetividade do outro jamais está completamente ao nosso alcance. É possível sentir de maneira autêntica diante de uma tela, seja da televisão, do cinema ou do *smartphone*; se você já sorriu vendo vídeos de filhotes de tartaruga em redes sociais, sabe do que estou falando. Se não viu, faça um favor afetivo a você e procure alguns. Vai melhorar seu dia.

No entanto, ao mesmo tempo que podemos reconhecer a possibilidade da experiência, é preciso também pensar seus limites. O excesso de sensações imediatas, a facilidade com que é possível desfrutar de uma experiência e o potencial afetivo disso formam uma combinação com a qual temos muita dificuldade de lidar.

Viver uma experiência demanda tempo, mas esta é a mercadoria mais valiosa em circulação atualmente. Por isso a lógica do excesso: você não precisa de tempo para ter uma experiência. Ela é imediata, e, por sua força pautada na quantidade, provoca todo seu efeito de uma vez. Assim, você pode ter a totalidade da experiência antes de passar para a próxima.

O EXCESSO É A CONSEQUÊNCIA DE UMA SOCIEDADE NA QUAL A EXPERIÊNCIA É TRANSFORMADA EM QUANTIDADE: É PRECISO DE MUITO PARA SENTIR ALGUMA COISA.

Quando o excesso é visto como algo normal, logo deixa de provocar o efeito esperado, e é necessário algo ainda maior para ser capaz de sentir algo. Em alguma medida, esse tipo de comportamento está ligado a uma escala na qual o excesso não é a experiência, e sim apenas o que vem antes de uma falta maior — compensada, por sua vez, por um novo excesso. De certo modo, durante muito tempo, a satisfação era castigada e colocada no campo dos interditos; no mundo contemporâneo, a satisfação é o castigo, na medida em que ela é quase instantânea. Como ela tem uma vida útil curta, precisamos de outra, igual ou maior, para compensá-la. O centro de uma sociedade pautada no excesso é o vazio.

Por isso mesmo, paradoxalmente, as sensibilidades estão sempre na superfície, esperando a primeira faísca para iniciar o incêndio, na forma de preconceitos, intolerância e da recusa a entender qualquer outro ponto de vista. O excesso não cede tempo para o outro, para a experiência mínima do outro, no tempo pequeno mas fundamental das vivências.

Para toda essa dinâmica funcionar, as pressões exteriores precisam ser complementadas, ainda que involuntariamente, por outra: a perda da imagem da vida perfeita — tema você já imagina, do capítulo a seguir.

Como decidir o que pode (e o que não pode) ficar para trás?

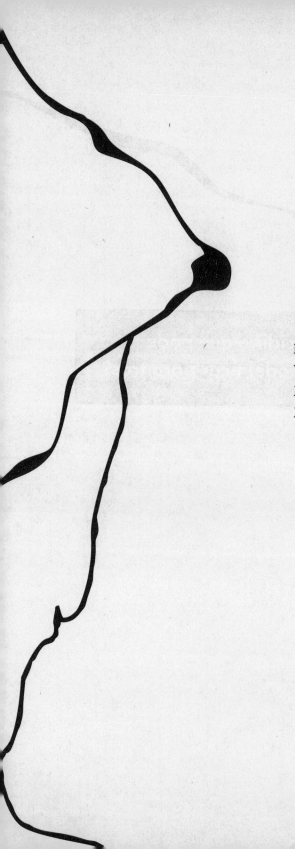

Eu desaconteci
Virei neblina quando à margem
Me esqueceu
Me esqueci

Carolina Prince, *Aurora*

Perdas, a fragilidade da perfeição

NADA MOSTRA TANTO A FRAGILIDADE DA IDEIA DE PERFEIÇÃO QUANTO uma perda.

Nossa sociedade, no entanto, parece ter dificuldade para lidar com o assunto. Na busca da perfeição, a perda é associada ao fracasso, ao rebaixamento, à diminuição de *status* e, no limite, à incompetência e inabilidade. Inventamos metáforas, criamos eufemismos, trocamos a conversa pelo olhar silencioso. A única exceção talvez seja a finitude da vida, encarada às vezes de maneira um pouco mais conformada. Fora isso, as perdas — perder uma amizade, um emprego, um amor — são sinônimos de derrota, algo visto como errado em uma sociedade só de vencedores.

Perdas não são derrotas. São inevitáveis. O sentido da perda, no entanto, é variável.

Diante da possibilidade de desaparição, toda história, toda vida, pode ganhar novos contornos e sentidos. É o momento da perda — de quem ou do que for — que, em alguma medida, recorda a imperfeição da condição da vida. Estamos a uma palavra da perda, uma mensagem, uma informação sobre nós ou as pessoas que amamos. A vida em sua imperfeição. Mas também em sua beleza: por existir a perda, podemos aprender a valorizar cada instante antes que ele se dissolva no próximo, desfrutar mais o momento com alguém antes de o relógio avisar que é hora de ir embora, viver com intensidade qualquer experiência da vida. E trazer de volta, às vezes, pode não ser o que esperávamos.

Mas podemos falar disso de outra maneira, a partir de uma história de perda e busca.

O mito grego de Orfeu.

Em uma época mitológica, Orfeu era filho de Oigros, rei da Trácia, e da musa Calíope, deusa da poesia. Ainda pequeno, ganhou do deus Apolo uma lira, um instrumento de cordas, e um talento inigualável para compor, tocar e cantar. Diziam que seu canto era capaz de maravilhar até mesmo as pessoas mais insensíveis, e toda e qualquer criatura da natureza se rendia diante de sua música.

Quando conheceu Eurídice, uma mulher bela e sábia, ambos imediatamente se apaixonaram. O casamento veio logo em seguida e, por um breve tempo, foram muito felizes juntos.

Certa tarde, Eurídice estava passeando pelas florestas nas colinas quando Aristeu, um pastor, começou a persegui-la. Em sua tentativa de fuga, correndo pela mata, ela foi mordida por uma serpente e morreu na mesma hora. Aristeu desapareceu, e Orfeu encontrou o corpo sem vida de sua mulher. Seu canto de raiva e dor, dizem, era também uma promessa: ele faria o que fosse necessário, qualquer coisa, no mundo dos vivos ou dos mortos, para trazer Eurídice de volta.

E optou pela escolha mais radical: desceria ao Hades, o mundo subterrâneo onde as pessoas mortas viviam como sombras, para buscá-la. Armado unicamente com sua lira, ele atravessou o rio Estige, que separa os dois mundos, e, ao chegar na margem, foi atacado por Cérbero, o cão de três cabeças que protegia o lugar. Orfeu pegou sua lira e, com música e canto, conseguiu fazer o animal adormecer e passou por ele, chegando até a sala onde estava o próprio Hades, deus do subterrâneo, e Perséfone, sua mulher.

Orfeu pediu para ver Eurídice e levá-la de volta à vida, mas os soberanos não aceitaram. Nenhuma alma poderia retornar ao mundo dos vivos. Munido, novamente, com seu instrumento, Orfeu cantou com uma intensidade jamais vista e conseguiu algo impossível — Hades concordou em deixar Eurídice voltar à vida.

Contudo, havia uma condição: ela seguiria Orfeu em toda a jornada até a superfície, mas ele não poderia, de modo algum, olhar para trás. Não parecia muito difícil, e o músico aceitou a proposta. No caminho tortuoso e difícil do mundo subterrâneo até o lugar dos vivos, Eurídice era apenas uma sombra e, por isso, seus passos não faziam barulho. A certa altura, por não conseguir ouvi-la, Orfeu desconfiou que havia sido enganado por Hades e, para conferir, olhou para trás — Eurídice imediatamente foi puxada de volta para baixo, e a passagem, fechada. Ele a perdeu pela segunda vez, e para sempre.

Esse mito, como quase toda a mitologia, tem várias camadas de interpretação. Mas, sobretudo, diz algo sobre buscas e perdas.

De certa maneira, Orfeu é uma imagem de nós diante da perda. Não aceitamos, não pode ser, queremos de volta. E, às vezes, estamos dispostos a pagar qualquer preço, mobilizar todos os recursos, para tentar trazer algo à vida novamente. Assim como ele usou seus talentos na poesia e na música para tentar trazer sua amada de volta, mobilizamos nossos recursos emocionais para lidar com a perda — ou restaurando uma situação anterior ou, quando isso é impossível, procurando estratégias de luto e compensação.

Na busca de uma vida perfeita, muitas vezes tentamos eliminar o sentimento de perda de nosso cotidiano. Evitamos falar em temas ligados ao desaparecimento e à finitude, como se fosse possível viver em um eterno presente. De certa maneira, agimos como Orfeu, inconformados com a perda, procurando todos os caminhos para evitá-la.

"Perda" não é sinônimo de "morte", embora essa seja uma dimensão bastante associada à palavra. O sentido pode ser ampliado para entendermos melhor seu alcance. Esse tipo de comportamento pode ser observado em várias situações do cotidiano.

Você ainda tem contato com todas as pessoas com quem estudou nos primeiros anos de escola?

É bem provável que não. Talvez nem com seus colegas de faculdade, se fez um curso superior. Sua melhor amiga do ensino médio pode estar ao seu lado até hoje, mas é possível que seus caminhos tenham se separado e ela seja apenas uma lembrança em fotos e vídeos.

Nas grandes corporações, quando a rotatividade de pessoas é alta, esse sentimento de perda é quase onipresente: o colega próximo de hoje consegue uma oportunidade melhor — ou é desligado —, e então nossa companhia para almoços e conversas em um café desaparece. Nas redes sociais, falamos em "fim de ciclo" na tentativa de lidar com o afastamento e pensar no início de outro "ciclo".

É possível, em todos esses casos, manter contato para toda a vida, mas, com a maior parte de nossas relações, isso não acontece. As linhas de nossas vidas se cruzam durante um período, que pode ser muito bom, estimulante e de crescimento para nós. Mas, em algum momento, elas se separam, como os fios desembaraçados de um novelo de lã.

Ao não aceitar a perda e vivê-la por meio do luto, Orfeu decide ir contra as forças da natureza, representadas no mito pelo rio Estige e pelo cão de guarda, apenas para descobrir que a perda é inevitável. Há um detalhe importante: no mundo subterrâneo do Hades, Eurídice existe como uma sombra. Podemos ler isso como uma imagem de que, quando nos agarramos com toda a força ao que foi perdido, no máximo conseguimos encontrar uma sombra daquilo que foi. Quando, por exemplo, tentamos reviver a juventude em uma idade bem mais adiantada, retomar amizades que já acabaram, recuperar o que foi perdido em outros momentos, há o risco de encontrarmos apenas sombras.

Perda e transformação

Assim como Orfeu, às vezes tentamos evitar a perda. Tentamos sustentar uma amizade além de seu tempo de duração, ou permanecer em um emprego a qualquer custo, incluindo nossa saúde mental; fingimos que um relacionamento está bom, ou vai melhorar, que é só uma fase ruim, para não aceitar o fato de que já acabou há muito tempo — às vezes, nunca começou. Nos apegamos ao que foi na tentativa de fazer com que ele volte.

Escutei essa história anos atrás (não tem a ver com Orfeu).

Rafael, um jovem recém-formado, tinha vivido maravilhosamente bem seus anos na universidade. Conseguiu um estágio bom logo nos primeiros semestres, começou a namorar Andreia, uma colega de outra sala, se divertiu com amigas e amigos nas festas. Cereja do bolo: um mês antes do fim das aulas, no último semestre, foi efetivado na vaga. Quando chegou a hora de se formar, a comemoração foi grande.

Nos meses seguintes, no entanto, algo começou a mudar — segundo Andreia, quem me contou essa história. Ele seguia bem no emprego, com a família e no namoro. Mas sua relação com a antiga faculdade parecia ter algo de errado. Embora estivesse formado, foi no primeiro dia de aula participar da recepção aos calouros, tomando parte nas atividades e brincadeiras. Continuou frequentando as festas universitárias e, com frequência, ia aos mesmos bares frequentados pelos estudantes — embora não fosse mais um deles. Mandava mensagens com frequência para ex-professores, perguntando se poderia assistir a uma ou outra aula para "matar a saudade" e, em alguns casos, se propondo a ajudar falando de sua experiência profissional.

No começo, tanto colegas quanto professores acharam que era apenas saudade e logo ele seguiria seu caminho. Mas a situação se prolongou para além dos meses iniciais e, em breve, um semestre tinha se passado — e nada de Rafael, de fato, se separar da antiga vida.

Foi uma mensagem da diretora da faculdade que resolveu o problema. Ela o chamou para uma conversa, elogiou sua trajetória nos anos de estudo e seu interesse em ajudar depois de formado, mas era hora de ele seguir seu caminho. Ela não o chamaria mais para atividades e seu acesso à universidade não seria mais livre.

Rafael chegou em casa arrasado e entrou em um processo de melancolia do qual, explicou Andreia, só se recuperou mais de um ano depois com o auxílio de terapia ("e só eu para segurar", segundo ela).

Essas tentativas de se apegar ao que passou são mais comuns do que pensamos. E, para mudar isso, precisamos entender melhor o que é, de fato, uma perda.

Em um texto escrito em 1916, chamado "A transitoriedade*", o criador da psicanálise, Sigmund Freud, investiga a melancolia associada ao sentimento de perda em seus vários aspectos. O assunto devia ser particularmente interessante para ele: pouco tempo antes, havia publicado outros dois textos sobre o assunto, intitulados "Luto e melancolia", e "Considerações sobre a morte e a guerra", ambos de 1915 — durante a Primeira Guerra Mundial. Em seu esforço, ao longo de toda a vida, para entender o sofrimento humano, Freud encontrou nesses pequenos trabalhos um ponto em comum, um aspecto que unifica as várias faces desse sentimento: a perda.

É relativamente comum associar essa palavra às pessoas que nos deixam, e não é coincidência que texto sobre o luto tenha sito escrito na mesma época. Mas as concepções trabalhadas por Freud podem ir bem além disso e ajudam a compreender alguns aspectos mais amplos desse sentimento.

De certa maneira, a perda é um elemento central da vida. Longe de ser um evento isolado, a ideia de perda, se entendida em um sentido amplo, é um dos fenômenos mais comuns da vida humana. A transformação exige a perda, o abandono de alguma coisa; não há mudança sem perda, se você entender "perda", aqui, como uma das formas de separação. Quando nos separamos de quem éramos, do lugar onde trabalhávamos ou estudávamos, das amizades de uma época, há uma perda — não só das pessoas, mas de quem éramos na relação com elas. Ao perdemos o outro, nos separamos de partes de nós — quando as pessoas vão embora, levam consigo um pedaço de quem éramos com elas.

Nem sempre isso é ruim. Falamos em "perda" geralmente em um sentido negativo, mas algumas podem ser um alívio — deixar para trás o relacionamento com uma pessoa tóxica ou um emprego precário pode ser benéfico em todos os aspectos. Há perdas excelentes. Tempos atrás, um *meme* nas redes sociais definia isso. Uma jovem aparecia com amigas, rindo e feliz em uma foto, e a legenda explicava: "Meu namorado implicava com meu peso, hoje decidi perder setenta quilos. Me livrei dele." Há até perdas que aprendemos a colocar na devida balança.

Quando seu filho atravessa a rua sozinho pela primeira vez, algo fica para trás. Sua condição de mãe ou pai, tal como você conhecia, não existe mais, foi perdida e transformada em outra. Ao pagar a primeira conta em seu nome, há uma perda (e não é uma indireta sobre o dinheiro): você não é mais a pessoa dependente de outra; essa situação, na qual alguém cuidava de você, foi perdida, e em seu lugar apareceu outra, diferente. Mas, nos dois casos, trata-se de algo bom de perder.

Talvez, exatamente por sua proximidade, por estar ao nosso lado o tempo todo, procuremos não olhar para ela. Em alguns casos, fazemos de tudo para evitá-la, retardar seus efeitos, diminuir seu impacto.

Para começar com um exemplo simples, a perda da juventude, em uma sociedade que desenvolveu um horror à passagem do tempo, é combatida com todas as forças. E mesmo nosso vocabulário tenta se apegar a isso em expressões voltadas para amenizar esse sentido ("não me chame de senhora, não sou velha"; "você ainda é jovem").

"Perda" é o sentido dado por nós, seres humanos, às transformações comuns em todo o universo. Sentimos como perda o que é parte do fluxo natural — evidentemente isso não funciona como consolação diante da perda, mas pode ajudar a colocar as coisas dentro de sua proporção.

Tudo o que existe na criação se transforma, deixa de ser o que era e passa a ser algo novo. Pensando em uma dimensão mais ampla do que a existência humana, a transformação é a única constante. A ideia está longe de ser nova: para retomar outra ideia da Grécia Antiga, Heráclito, considerado um dos primeiros filósofos, intuía isso ao propor que tudo muda, e a mudança é a principal característica do cosmos — sua frase "Não se entra duas vezes no mesmo rio", um dos poucos fragmentos que restaram de sua obra, é uma síntese disso.

Separar de nós

Nem todas essas perdas, é verdade, são sentidas da mesma forma. Quanto mais o objeto perdido leva de nós, mais sentimos. Isso depende, fundamentalmente, da importância que damos à perda. Por isso nem sempre a processamos da mesma maneira — em muitos casos, normalizamos a perda. Ela perde seu caráter de evento traumático e, com isso, na mesma proporção, perdemos a possibilidade de lidar com ela — só podemos curar quando sentimos dor; o efeito de anestesia nos faz esquecer o problema.

Às vezes, a perda vem na forma de uma ruptura, quando perdemos algo de maior importância — o ponto mais alto, sem dúvida, a vida de quem amamos. As perdas em grande escala são as mais fáceis de notar, sem dúvida, e aquelas pelas quais é possível — e esperado — se lamentar. Além da vida humana, claro, há diversas outras perdas de grande porte, responsáveis por provocar mudanças sensíveis em nossa existência e, de certa maneira, nos separar de quem éramos. Ao perder um emprego, uma amizade ou uma oportunidade, deixamos para trás um pedaço importante de nós, ao qual dedicamos nosso afeto e sobre o qual projetamos nossa vontade, nossos desejos e expectativas. Ver sua desaparição não é fácil, e precisamos de um tempo para conseguir entender minimamente o que houve.

Por seu caráter traumático, essas perdas se apresentam como pontos de referência na vida: existe um "antes" e um "depois", delimitados pelo momento do evento. Você se lembra, e sempre vai se lembrar, desses acontecimentos na medida em que são quebras a partir das quais há uma mudança irreversível de situação. Às vezes é um exercício de imaginação tentar se recordar de quem você era antes, quem você se tornou depois, quem é agora.

As grandes perdas são momentos potenciais para redefinir quem somos. Você pode ficar eternamente lamentando a mudança e tentando desesperadamente se agarrar a fios soltos de quem você era para manter uma situação que não existe mais. Às vezes, no ambiente familiar, vemos pessoas procurando manter, a qualquer custo, uma época que não existe mais — por exemplo, mães e pais buscando manter eternamente os filhos ao redor de si, ao preço do envenenamento das relações familiares, do amor aplicado como veneno e da autonomia transformada em culpa; do outro lado, vemos adultos procurando ficar indefinidamente ao redor dos pais, incapazes de construir relacionamentos afetivos autônomos e de viver a própria vida, agarrando-se a uma infância supostamente livre de preocupações.

Mas, se você olhar com uma lente de aumento na escala micro do cotidiano, vai notar como ele é povoado por perdas, por coisas deixadas para trás. Precisamos fazer escolhas, e a cada escolha feita perdemos tudo o que não foi escolhido. Perdemos o tempo de atravessar a rua e o semáforo ficou vermelho de novo; a chance de negócios, de compra ou de promoção; a oportunidade de falar ou de ficar quieto (poucas coisas são mais chatas do que encontrar o melhor argumento para uma discussão dias depois de ela ter acontecido). A cada uma dessas situações, cria-se uma perda e, de um modo ou de outro, precisaremos lidar com ela.

Viver o luto para lidar com a perda

Isso nos leva de volta ao texto de Freud de 1916.

Toda transformação implica perda, e toda perda exige um tempo para ser processada nos vários níveis da consciência e do inconsciente — o luto. Na definição freudiana, o luto é o sentimento provocado em nós pela perda de um objeto ao qual dedicávamos muita afeição. Por isso, toda perda é seguida de um período de luto, necessário para entender o sentimento daquilo que somos e seremos daqui para a frente. Há um custo psíquico em toda perda, e isso demanda tempo para ser curado.

O luto é um tempo que precisa ser vivido, sem o qual não há a retomada da vida. Respeitar esse momento é fundamental para lidar com a perda. Não no sentido de *superá-la*, mas de encontrar meios de alívio e compensação a partir dos quais se poderá *viver* com ela.

Precisamos viver o tempo de luto para ir além de qualquer perda. Ao terminar um namoro, por exemplo, há um período de luto a ser vivido pela pessoa. No entanto, nem sempre isso é entendido desse modo, às vezes nem mesmo pelas pessoas próximas, que podem interpretar esse tempo necessário a partir de um olhar de desconfiança e indiferença. Se você perde um emprego, é necessário um período para acolher esse evento como parte de sua vida, interiorizar o fato, observar e interpretar seus sentimentos a respeito, acrescentá-los ao seu repertório de experiências.

O que talvez Freud não imaginasse é o impacto do culto contemporâneo à perfeição na vivência do luto.

Na vida pautada pela perfeição, às vezes o luto é visto como um tempo desnecessário, inútil, bobagem de quem não sabe ou não tem coragem para lidar com os problemas. Vemos isso, por exemplo, em atitudes que buscam diminuir a importância do sofrimento dos outros, minimizando o impacto e tentando encerrar o luto ("vamos, você encontra coisa melhor"; "ele não prestava mesmo"; "logo isso passa").

Esquecer isso, exigir que a pessoa retome imediatamente sua vida normal, pode ser visto, no limite, como um ato de violência simbólica. Em uma sociedade na qual a obrigação de ser feliz é imperativa, normalizamos a alegria às custas de patologizar a tristeza. O luto, no lugar de ser vivido e acolhido, é enfrentado como um problema ou descartado como inútil. A vivência da perda marca a vulnerabilidade, a imperfeição e a finitude, três dos elementos que o discurso da perfeição procura deixar à margem de seu mundo.

Aprendemos a esconder o luto, a reprimi-lo diante do manto de uma vida perfeita. Nas redes sociais, vemos a pessoa demitida escrever textos de agradecimento ao lugar que a mandou embora; a perda é vivida como oportunidade, a instabilidade e a precarização como motivadores do crescimento pessoal.

O indivíduo é convocado a estar disposto e feliz mesmo diante da perda, porque a vivência do tempo do luto seria uma lembrança de que alguém será o próximo.

Uma amiga mais ou menos próxima, há décadas no mundo corporativo, lembrou uma vez de como foi esse processo em um dos lugares onde trabalhou. Houve um complicado processo de fusão, e todas as semanas havia demissões pontuais — duas ou três pessoas. "Elas simplesmente sumiam", lembra a colega. "E no dia seguinte você precisava agir como se tudo estivesse bem. Às vezes era uma pessoa próxima, você estava quebrada por dentro, mas não podia demonstrar", recorda. Obviamente, disfarçar o luto não diminuía a dor da perda. Ao contrário, somava a isso um sentimento enorme de inautenticidade, de infidelidade a si mesma: "Me sentia muito hipócrita fingindo que estava tudo bem no dia seguinte à demissão de gente da equipe."

Deixar o luto de lado não significa que ele vai deixar de existir. Caracterizado, lembra Freud, por uma forte concentração da pessoa sobre si mesma, trata-se de um momento de encontro fragmentado consigo mesmo. Quando há algum entrave ou impedimento para isso, a pessoa é obrigada a reprimir esse direcionamento para si de sua afetividade e seu sentimento. É, então, forçada a dirigir a atenção para o mundo exterior novamente — e essa distância não trabalhada entre o que se sente e o que se é obrigado a demonstrar tem um custo psíquico alto e pode rapidamente aparecer na forma de um sintoma — no caso da colega, crises diárias de choro ao voltar para casa.

A força da perda

Viver a perda é necessário para aprender a lidar com ela. Isso significa encarar a tristeza, chorar, se lembrar da vida antes daquele momento, retomar o momento, se arrepender do que fez (ou não fez), rir de momentos alegres, rir de nervoso. Não existe fórmula para viver o luto, exceto o reconhecimento do fato e o recolhimento para si mesmo. Isso significa que nem mesmo a tristeza é obrigatória: na complexidade da psique humana, às vezes a vivência mais autêntica do luto é a diversão, na qual a pessoa consegue dirigir para fora de si sentimentos e afeições acumulados há décadas.

Nem todos os lutos são vividos da mesma forma, nem todas as perdas são sentidas da mesma maneira.

Em vários de seus textos, a filósofa estadunidense Judith Butler se questiona: por quem se chora? De quem lamentamos a perda? Nos eventos traumáticos da história, nas situações de guerra, conflito, grandes deslocamentos de populações e outros acontecimentos semelhantes, por quem choramos? Por quanto tempo? É possível ainda sentir algo pelo outro, ou seu sofrimento se esvai na velocidade com que passamos ao próximo post?

Depois de um tempo, a tendência é esquecermos esses eventos e tentar retomar nosso caminho.

A perda, enquanto momento de reconstrução, é também um espaço de autoconhecimento. A perda obriga a olhar para si mesma e trabalhar com demarcadores para entender quem se era e quem se é. Até mesmo para saber o que pode ou não ficar para trás. Quando não lidamos bem com essa questão, as perdas podem, de alguma maneira, ficar em aberto, quase nos assombrando com a lembrança imaginária do que poderia ter sido. É o que veremos no próximo capítulo.

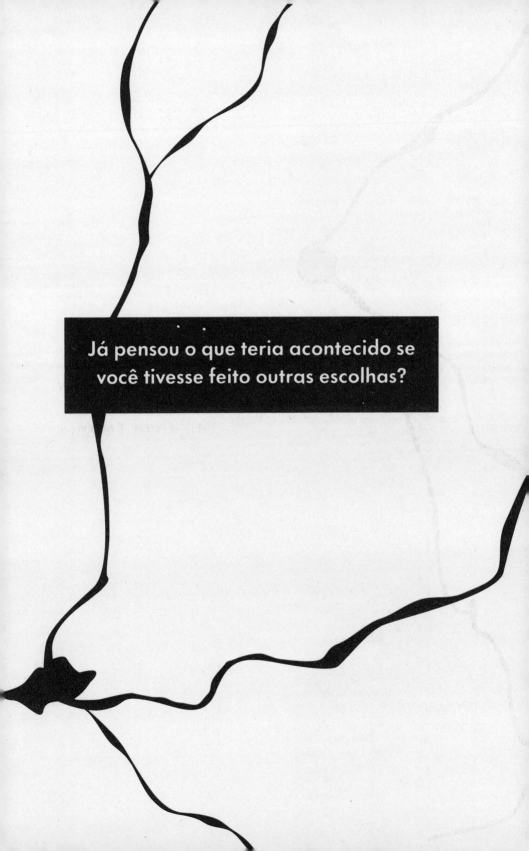

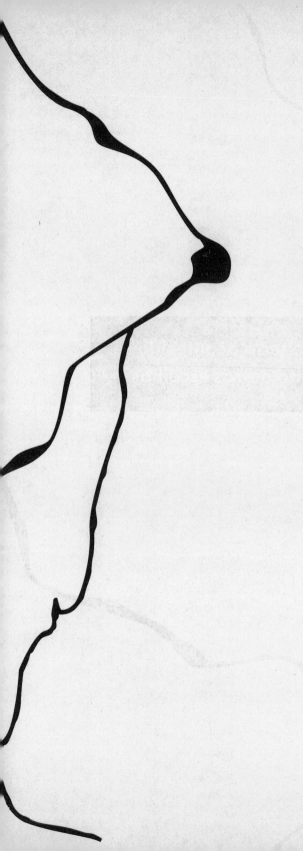

Permaneço no limbo
Entre a história não vivida
E o desejo inédito de um amor
Indizível

Flávia Ferrari, *É tudo ficção*

O fantasma da vida perfeita

DE CERTA MANEIRA, TODOS NÓS SOMOS ASSOMBRADOS PELO FANTASMA de vidas não vividas. Pode ser em algum momento de silêncio, durante um trajeto particularmente entediante de ônibus ou quando devaneamos, sem dar muita conta disso, numa reunião de trabalho ou de família. Mas, principalmente, quando sentimos que há algo errado com o caminho que escolhemos. Nossos pensamentos, então, podem voar em direção às vidas que escolhemos não viver, deixando um gosto amargo por aquilo que não foi vivido.

A expressão "vida não vivida" está presente em várias obras, mas aqui me pauto sobretudo em Robert A. Johnson, Jerry M. Ruhl e Thomas H. Ogden. Apesar da diferença entre esses e outros autores, parece existir um ponto comum: uma vida não desaparece só porque decidimos viver outra. Escolher um caminho é não escolher todos os outros, infinitos outros.

Mas eles não ficam para trás, necessariamente. Muitos nos assombram o resto da vida como fantasmas de uma existência que não escolhemos. E, muitas vezes, nos perturbam porque carregam consigo a imagem da perfeição ("Ah, se eu tivesse casado com ela, seria feliz"; "se tivesse tido aquela oportunidade, estaria rica"). Como essas vidas nunca aconteceram, não se tornaram reais, com os problemas envolvidos, você pode idealizá-las o quanto quiser.

A perfeição da vida não vivida se apresenta como um obstáculo formidável para nos atrapalhar a viver a vida que temos. Ela pode se tornar o parâmetro que rege a vida real, aparecendo como um duplo imaginário e inatingível, mas presente como um lembrete daquilo que poderia ser. A diferença entre a vida real e aquelas que não vivemos pode ser uma fonte de inspiração para o presente, mas também um ponto de angústia quando não é bem trabalhada. Aprender a lidar com elas é um passo complicado, mas importante, para chegar a bons termos com aquilo que você é.

Não é sempre que alguém se lembra do passado não vivido. Geralmente você parte de algum momento no tempo, quando tomou uma decisão importante, e então se pergunta como estaria sua vida se a alternativa tivesse sido outra. E se você tivesse se casado com aquela outra pessoa? Ou tivesse guardado o que falou para outra? Aceitado o trabalho em outra cidade? Ou obtido aquele ponto a mais no vestibular ou no concurso?

Se você seguir o fio da imaginação, consegue formar imagens dessas outras histórias em nossa mente, como um filme. Pode ver cenas de sucesso, como sua formatura, a companhia certa para a vida, a realização profissional. Tudo teria dado certo se algo, um detalhe, tivesse sido diferente.

A VIDA QUE VOCÊ VIVE SEMPRE VAI FICAR EM DESVANTAGEM DIANTE DE UM SONHO PERFEITO. NADA É MAIS PODEROSO DO QUE UMA ILUSÃO BEM CULTIVADA.

Às vezes esse pensamento das vidas que poderiam ter sido vem na forma de um devaneio, sem maiores consequências. Nós voltamos a prestar atenção no que está acontecendo ao nosso redor e as ilusões se desfazem, movimentadas pela necessidade de viver a vida presente.

No entanto, essas vidas imaginadas também podem aparecer cercadas de recriminações pelas escolhas feitas em outro momento ("eu devia ter estudado mais"; "eu não devia ter falado aquilo..."; "poderia ter esperado um pouco"). Esse aspecto negativo pode assumir o tom de uma dura cobrança em relação ao que escolhemos ou deixamos de escolher.

É quando podemos ficar a um passo da culpa. Acreditar que essa vida melhor esteve ao alcance aumenta a sensação de fracasso e autorrecriminação em relação à vida atual. Essa outra existência estava lá, a uma decisão de distância, e a jogamos fora em um minuto de irreflexão.

Tudo fica obscurecido diante da luminosidade daquilo que poderia ter sido: sua faculdade não o agrada? O outro curso era melhor, você estaria mais feliz lá. Olha como é legal. Problemas no relacionamento? A outra pessoa era melhor, apesar de tudo. Ou você deveria ter se aproximado daquela outra. Olha como ela é incrível. Seu emprego, essa rotina, essa remuneração. Faltou um ponto para você passar no processo seletivo da outra empresa. Olha como é bacana trabalhar lá.

Essa proximidade é especialmente perturbadora: sonhamos com uma vida que teria sido possível, bastaria ter feito as escolhas corretas que estavam ao nosso alcance. Não se trata do devaneio impossível ("vou ser a pessoa mais rica do mundo" ou "vou conseguir viajar no tempo"): a angústia das vidas não vividas se pauta em sua proximidade. É sua *possibilidade*, não sua distância, que a mantém como imagem do futuro possível.

Esse cenário aparece quando você está passando por um momento difícil. Quanto mais difícil a vida vivida, ao que parece, mais procuramos refúgio na imaginação do que poderia ter sido. É um consolo bastante ambíguo, porque geralmente vem cercado pelas assombrações da culpa pela não realização desse futuro melhor. À medida que sonhamos com ele, mais ele pode se tornar uma cobrança sobre a vida que escolhemos viver.

QUANTO MAIS LUMINOSA A IMAGINAÇÃO DO CAMINHO NÃO TRILHADO, MAIOR A SOMBRA QUE ELA PROJETA SOBRE NOSSA EXISTÊNCIA ATUAL.

Em alguns casos, diante desses sonhos não realizados, procuramos alguém para responsabilizar. Nesse momento, a culpa e a angústia podem se transformar ou ser complementadas por outra emoção negativa, a raiva ("Foi culpa dela, se não tivesse se metido, tudo estaria bem"). Nesse momento, projetamos a culpa e o ressentimento pela vida não vivida nas pessoas ou situações que, em nosso julgamento, foram responsáveis por vivermos *esta* vida, cheia de problemas, e não aquela outra, *perfeita*.

Em casos extremos, essa projeção de culpa pela vida que não se tem é direcionada contra segmentos da sociedade, transformados na personificação dos fantasmas da pessoa. O ódio contra grupos, a opressão e a violência coletiva podem estar ligados a essa atribuição da culpa pelo fato de sua vida não ser a ideal. Como é mais fácil combater um inimigo imaginário quando ele ganha uma forma humana, a projeção dessas fantasias pode ter efeitos devastadores — a história parece mostrar que toda ameaça à democracia começa no imaginário de um ressentimento.

A fantasia, o fantasma, o fantástico

Existe um motivo para a imaginação das vidas não vividas ser forte. Está no próprio nome: *não vividas*. Tudo aquilo que não existe na realidade pode ser idealizado como perfeito. Em nossa imaginação, conseguimos colocar as coisas em um plano de perfeição que é impossível atingir na vida real. Perto de sua namorada imaginária, perfeita, nenhuma outra mulher humana teria chance, com todas as qualidades possíveis para preencher esses requisitos. Diante do trabalho dos sonhos, em um ambiente bom, com ótima remuneração, dentro da lei, seu emprego real sempre será acanhado. Nada, na realidade vivida, é páreo para essa vida imaginária, simplesmente porque *não precisamos vivê-la*. Isso a torna perfeita: ela não existe. Se existisse, teria os mesmos problemas de qualquer outra vida.

Muitas vezes você perde tempo, talvez anos, em busca dessa vida perfeita, mudando de emprego, profissão, relacionamento ou família, na esperança de encontrar algo que remeta à vida não vivida, ao ideal daquilo que poderia ter sido.

"Então não adianta buscar algo melhor?", você vai perguntar.

Realmente, se seguirmos essa argumentação em um determinado sentido, a esperança desce ladeira abaixo em um conformismo sem saída. A vida real seria sempre ruim, a vida perfeita não existe, xeque-mate.

O argumento aqui é outro.

A busca constante por algo melhor faz parte da procura ética por uma vida boa, digna de ser vivida. Mas isso significa reconhecer, de saída, que o melhor é possível, mas o perfeito não existe.

Tendo isso em mente, direcionamos nossa busca para algo que vai aprimorar nossas condições — e trilhar esse caminho é parte do exercício cotidiano de ser quem somos. Isso protege você da decepção que vem com a idealização de algo perfeito.

Por isso se deve tomar cuidado ao sonhar com vidas não vividas: suas escolhas poderiam ter sido melhores ou piores, mas você teria tido problemas e dificuldades como em qualquer outra situação. A única vida perfeita é, de fato, aquela que não se viveu.

Na prática, é difícil não estabelecer um termo de comparação entre a vida que se tem e a que você poderia ter tido. Por isso mesmo, no começo do texto, usei a palavra "fantasmas".

Vale explorar seu sentido.

Embora hoje em dia a expressão tenha ressonâncias macabras, sua versão original era bem mais tranquila. "Fantasma" vem do grego antigo *"phantázein"*, que significa "fazer aparecer". A palavra tem um parentesco com "fantasia" — não no sentido de "usar uma roupa", embora não se esteja muito distante, mas na perspectiva de "criar uma imagem".

Podemos jogar um pouco com essas duas expressões. O devaneio pode ajudar você a construir *fantasias* imaginando novas realidades possíveis, e isso pode estar na base da busca de novos e melhores caminhos. Quando essa imagem, no entanto, se reveste de uma perfeição impossível e projeta cobranças inatingíveis na vida que se tem, ela se torna negativa, um *fantasma*. Nos dois casos, lidamos com imagens e projeções, mas o efeito em nossa vida diária é consideravelmente diferente.

Para não ficar muito abstrato, vale pensar numa situação simples. Quando você usa uma fantasia de Carnaval, está criando outra imagem de si e sabe disso; no entanto, com frequência também é possível criar fantasias inconscientes a respeito de quem se é, se poderia ser ou — mais sério — poderia ter sido.

Pretérito perfeito

> Tudo o que você é
> Só é pelo que já foi
>
> Se é
> Foi escolha
> Escolha que já se testou
>
> Patrícia Cordeiro, *O horizonte aqui não se vê de baixo*

Um tipo comum desses fantasmas é a idealização do passado.

É relativamente comum escutar que "na minha época era melhor" ou "quando eu era criança as coisas eram mais fáceis". Em geral, afirmações assim são revestidas de tintas melancólicas em relação ao presente, acompanhadas de uma nostalgia por uma época supostamente feliz, em que tudo era mais simples e as coisas estavam no lugar.

Esse sentimento por uma época perdida às vezes é um passaporte para questões políticas mais complicadas. Muitos discursos autoritários, por exemplo, se baseiam na fantasia (fantasma?) de um "período de glória" a ser restaurado diante da "decadência" do presente. Povos, assim como indivíduos, também podem oscilar facilmente entre criar imagens de fantasia ou transformá-las em fantasmas.

O apego à imagem de um passado perfeito pode ser um indício do deslocamento que uma pessoa sente em relação ao presente. Esse passado, evidentemente, só existiu na imaginação de quem está falando. Nunca houve uma época de ouro da humanidade, e cada tempo teve seus próprios problemas. Certo, alguns períodos foram mais complicados do que outros, mas nunca chegou a existir um momento perfeito na história. Olhando de perto, nenhuma época foi fácil.

A memória humana, no entanto, é bastante seletiva e consegue rapidamente escolher os trechos bons do passado para formar uma imagem idealizada, deixando de lado os problemas e as dificuldades. Como aquela época não está mais aqui para se defender, a memória, combinada com a imaginação, cria o passado perfeito, livre de problemas. Essa fantasia de um passado inexistente, examinado apenas com as lentes do desejo, pode se transformar no fantasma de uma comparação, perto do qual o tempo presente sempre será marcado por uma ampla desvantagem — só lembrando, não dá para competir com o imaginário.

Um exercício para lidar com isso é tentar imaginar nos termos mais realistas possíveis: e se você tivesse conseguido viver aquela outra vida?

Vamos lá: você se casou ou se juntou com outra pessoa, passou no vestibular ou no concurso, aquele ponto não fez falta; está trabalhando no lugar dos seus sonhos. Aquela vida se tornou real, é esta que você vive agora. Como é, no cotidiano, aquela pessoa ideal? Continua ideal? Serão necessários quantos dias, talvez meses, até a ilusão de perfeição ser quebrada? O curso universitário perfeito não tem nenhuma aula chata? E a empresa dos sonhos? Ela resiste, como ideal, a uma crise no mercado financeiro?

Esse exercício é uma valorização da realidade na qual se vive, lembrete de que toda perfeição, quando trazida para a vida cotidiana, enfrenta dificuldades e problemas. Se você tivesse vivido qualquer uma das outras vidas possíveis, ela se tornaria real. E, talvez, numa realidade paralela, você estivesse sonhando — paradoxalmente — com a vida que leva hoje. Quando se deixa de lado o fantasma do ideal, o possível pode ser realizado, com suas luzes e sombras.

Você já pensou por que toma decisões erradas? Mesmo sendo uma pessoa inteligente, com diversas qualificações, às vezes algumas escolhas parecem ter sido feitas com um gosto por tomar o caminho errado. E isso não acontece só numa ou noutra situação: é possível, conforme o caso, fazer isso o tempo todo. Por que você se sabota tanto?

Todas e todos nós fazemos isso, e parece ser uma espécie de brincadeira — de mau gosto — de nossa mente: quanto mais esticamos a corda em direção para satisfazer os padrões de perfeição e os requisitos de uma vida de alta performance, mais uma força de igual intensidade nos puxa para a direção oposta. É como se estivéssemos dizendo para nós mesmos "calma, você não precisa ser tudo isso".

No limite, às vezes parece que, quanto mais precisamos confiar em nós, mais outra parte nos derruba — às vezes, pode ser uma síndrome de impostor que você acaricia e cultiva todas as manhãs, como se fosse um pássaro, pronto para soltá-la ao longo de seu dia, dizendo "vai, querida, e diz para mim que eu não sei fazer nada".

Toda escolha pode gerar angústia.

Toda escolha se traduz numa falta: aquilo que não escolhemos, mas poderíamos ter escolhido. A cada escolha feita, você deixa de escolher todas as outras possibilidades. E, se alguma das outras trilhas, deixadas para trás, for melhor do que a escolhida? Ao optar por namorar uma pessoa, você escolhe deixar de lado todas as outras. Mas pode ter alguém mais legal lá fora. Ao definir um curso universitário e uma carreira, você opta por não seguir todos os outros. Cada escolha deixa para trás possibilidades que, em potência, poderiam ser melhores.

E, quanto mais próximo, maior a sensação de angústia. Você não fica angustiada por não ser rainha da Inglaterra, mas por não ter escolhido o emprego melhor. Você não fica triste por não namorar uma estrela de Hollywood, mas por não ter saído com *aquela* pessoa.

Quando a escolha se mostra correta, tanto em termos de possibilidades quanto de consequências, a falta é amenizada: os caminhos deixados para trás poderiam ser bons, mas esse é o melhor.

Mas, se o resultado for negativo, é necessário lidar com a vergonha de ser imperfeita diante da cobrança por uma vida de alta performance — *você* escolheu errado ("Como alguém inteligente como você faz uma bobagem dessas?"; "O que deu em você para fazer isso?"). O quadro se completa, às vezes, acompanhado de raiva e de boas doses de autorrecriminação, diante do fato de que as outras opções estavam ali, ao seu alcance, mas *você* deixou passar.

Esse cenário está ligado à pressão por uma vida perfeita, fazendo sempre as escolhas corretas. Mas cada escolha faz parte daquilo que nos tornamos, e aprender a acolher cada uma delas como necessária pode nos ajudar a lidar um pouco melhor com a situação, sobretudo com as escolhas ruins que todos nós fazemos.

O tempo de uma escolha

Você já se arrependeu de alguma escolha feita? Como todo mundo, provavelmente sim.

O valor de uma escolha é proporcional ao tempo pelo qual vamos lidar com suas consequências. Esperamos, a cada decisão, tomar a resolução correta para que ela possa afetar nossa vida da melhor maneira possível. Acreditamos saber, de maneira quase intuitiva, a importância de cada escolha. Certamente você perde menos tempo escolhendo um prato no almoço do que decidindo se sai hoje com sua namorada ou se vai se casar com ela (se a preocupação com o almoço ganhar, repense sua vida).

As consequências do ato, no primeiro caso, tendem a se dissipar em algumas horas; no segundo caso, significa uma mudança completa na vida de duas pessoas. E, embora seja possível voltar atrás, essa decisão vai se apresentar, para sempre, como um ponto fixo no tempo. Para todo o resto da história de vocês existirá um "antes" e um "depois" dessa escolha, com as consequências — boas ou ruins — decorrentes desse ato.

Quando você está diante de uma escolha mais importante, é natural pensar nela durante um tempo, pesando os prós e os contras de cada caminho possível. Em geral, você trabalha com dois aspectos principais: as *possibilidades* e as *consequências* de uma decisão.

No primeiro caso, o que você pode realmente escolher?

Nenhum ser humano, talvez nem o mais poderoso dos tiranos, é dotado de uma plena condição de escolha; isto é, de tomar qualquer decisão dentro de um leque infinito de possibilidades. Há, sempre, algum tipo de limite de alguma natureza — econômica, política, social, inconsciente — responsável por definir, ao menos em linhas gerais, quais são as suas possibilidades.

Ao decidir fazer faculdade, você pode sonhar com qualquer uma, mas, na prática, sabe em quais conseguirá entrar de acordo com sua formação; no caso de universidades particulares, sabe quais são as melhores, mas também quais consegue pagar; alguns cursos, mesmo no caso de universidades públicas, exigem tempo, dedicação e materiais que precisam ser cuidadosamente planejados em termos financeiros.

No caso das relações pessoais, os limites de escolha são ainda mais estreitos. O que podemos escolher em relação aos outros? Basicamente, apenas aquilo que conhecemos a seu respeito — e em geral é bem pouco, por mais que você espere o contrário. Podemos conhecer uma pessoa ao longo de anos e, mesmo assim, ela pode nos surpreender com uma atitude nova e inesperada. Achamos que temos todas as informações para escolher a natureza do vínculo (digamos, começar uma relação mais séria) e, de posse disso, tomamos a decisão ("Quer namorar comigo?") só para descobrir, um tempo depois, aspectos até então invisíveis ou despercebidos a respeito dela ("não era quem parecia ser"; "ele não era assim antes").

Nesse segundo caso, quais são as consequências de sua escolha?

Você pode, em sua imaginação, calcular cada uma das repercussões de determinado ato, esperando que todas as peças se movam numa organização como em um jogo de xadrez. Intuitivamente tentamos prever como uma determinada atitude será recebida de acordo com os comportamentos anteriores das pessoas com quem nos relacionamos. Antecipamos lucros e problemas das ações, bem como as reações de cada um envolvido numa decisão nossa.

O problema é que raramente a realidade funciona como um tabuleiro de xadrez. Ao contrário, muitas vezes a mais planejada das decisões toma rumos inesperados de acordo com a participação de alguém com quem você não contava ou de quem esperava outra atitude. E então todas as linhas traçadas de antemão simplesmente desaparecem.

Escrevendo no século XVIII, o filósofo alemão Immanuel Kant já advertia que uma ação não pode ser julgada por suas consequências, mas por seus princípios — afinal, jamais sabemos até onde pode ir o resultado de uma decisão, e mesmo a mais bem-intencionada delas tem chance de resultar em um desastre.

Isso pode nos ajudar a lidar com a culpa pelas decisões erradas — e vale olhar um pouco mais demoradamente para isso.

Às vezes nos arrependemos durante anos de uma decisão tomada. A pergunta, com ecos dessa perspectiva de Kant: você *sabia* escolher melhor na época? Com as informações que tinha, e sendo quem você era, havia a *possibilidade* de ir por outro caminho? Julgar as ações de ontem com os critérios de hoje gera um vazio intransponível entre esses dois tempos, preenchido pela angústia de não ter feito a coisa certa.

Mas é correto julgar com os critérios de hoje uma ação feita, digamos, dez ou vinte anos atrás? Em geral, temos uma visão bastante limitada de uma situação enquanto estamos dentro dela. Falta a possibilidade de colocar as coisas em *perspectiva* — a grande lição sobre as escolhas, mas que só pode ser feita com o tempo. Você não poderia saber, na época em que tomou a decisão errada, o que sabe hoje; mas, paradoxalmente, não saberia disso hoje se não tivesse tomado aquela decisão errada. Por isso, a escolha errada, assim como a tristeza e a culpa associadas a ela, merece ser vivida e integrada a nós como parte do impulso responsável por *nos tornar* o que somos hoje.

A responsabilidade da escolha

É difícil, quando estamos diante de uma decisão das mais importantes, guardar toda a responsabilidade para nós. Em geral, procuramos alguém para dividir as condições da escolha. Contamos para uma pessoa todos os detalhes de cada rota possível, as vantagens e desvantagens, nossas condições, esperanças e medos referentes aos resultados de cada decisão. Às vezes já temos a resposta para a pergunta; no fundo, a decisão já está tomada, mas precisa desesperadamente da *validação* de outra pessoa para sua ideia — sobretudo se você *não* estiver segura dos próximos passos.

Isso, de certo modo, é um tipo de prevenção contra uma eventual falha, dividindo antecipadamente a responsabilidade — a palavra mais honesta seria "culpa" — em relação à escolha. Se tudo der errado, você escolheu mal, mas a outra pessoa *também* sabia de sua decisão e te apoiou; um pedaço do problema pode ser colocado na conta dela. Trata-se de um movimento para atenuar, para si mesmo e para as outras pessoas, a sensação de embaraço resultante de uma decisão errada — como está em outra parte do texto, é mais fácil suportar uma situação de vergonha quando a responsabilidade é dividida entre outras pessoas.

Esse tipo de procedimento, no entanto, tem dois obstáculos.

Para começar, a decisão é sua. Mesmo ouvindo outras pessoas, sendo aconselhado por gente mais experiente ou avisada por amigas sábias, a ação só pode ser sua. Essa *autenticidade* da escolha coloca o indivíduo como início e fim de qualquer tomada de decisão, independentemente de quanto teve ou não de apoio. O começo e o final de uma escolha residem no indivíduo, e esse pode ser um importante fator de angústia na hora de tomar uma decisão: é com você, e só você. Outras pessoas podem ajudar, você pode se informar, procurar recolher o máximo de informações a respeito do assunto sobre o qual precisa decidir. Mas, na hora importante, a decisão é unicamente sua.

Em certo sentido, é mais ou menos isso que o filósofo francês Jean-Paul Sartre sugeria ao dizer que o ser humano estava "condenado a ser livre": suas escolhas definem quem você é, mais do que qualquer suposta essência, predisposição ou destino. Seria muito fácil, e traria um ótimo alívio, poder atribuir a responsabilidade por suas decisões a outra pessoa.

Isso leva a um ponto importante: onde não há escolha, não há responsabilidade. Ou, dito de uma maneira mais suave, a responsabilidade é proporcional à possibilidade de escolha. Existem situações na vida em que uma pessoa parece estar presa numa armadilha, sem a menor condição, naquele momento, de uma mudança. E, em alguns casos, isso pode significar a ausência quase absoluta de escolher qualquer outra coisa exceto a vida que se desenrola diante de si, muitas vezes vivida de maneira automática.

É importante lembrar que esse discurso não significa *justificar* uma ação: o poder de escolha segue sendo parte de sua responsabilidade individual; é necessário, no entanto, entender de perto quais são as possibilidades de escolha e o quanto, em termos realistas, é possível fazer no momento — o que não é fácil diante da pressão para fazer escolhas como se todos estivessem diante da liberdade e das condições para tomar as melhores decisões.

Há, no entanto, um segundo fator: a cobrança pela decisão perfeita. Parece haver uma expectativa, a cada escolha, de que você tenha todas as condições para conseguir o resultado perfeito. Escolher a melhor carreira, decidir pela melhor faculdade; optar pelo melhor trabalho, eleger amigas e amigos ideais, se envolver com a pessoa perfeita. A tirania da perfeição se manifesta com especial foco quando você toma uma decisão errada, sem sentido — e todos nós estamos sujeitos a isso. No entanto, a cobrança pela decisão correta faz parecer que só você agiu errado naquela situação, quando todo mundo parecia saber qual era a escolha certa.

Escolhas estão relacionadas às expectativas de como devemos agir em cada situação. Há, de certa forma, uma espécie de pressuposto moral relacionado às concepções sociais de "certo" e "errado", e espera-se que as decisões sejam tomadas de acordo com esse tipo de padrão, um código oral das normas sociais. Esse tipo de expectativa é reforçada na forma de conselhos e avisos recebidos por quem vai tomar uma decisão ("pense bem"; "olhe com atenção"; "veja o que aconteceu com aquela pessoa", como em um rito de transmissão da herança de experiências de um grupo para outro).

Esse processo, sem dúvida, tem sua importância. No entanto, só você conhece todos os fatores envolvidos numa decisão, com as nuances, os detalhes e as expectativas relacionados a ela.

Quando, em alguns casos, a tomada de decisão chega ao conhecimento de um público, seja família, amizades ou no local de trabalho, sua escolha pode rapidamente se tornar *o* assunto, com pessoas se posicionando a favor ou contra, emitindo opiniões e se lembrando de situações semelhantes.

Em alguns casos, isso se traduz na cobrança simples e direta ("por que você não faz isso?"; "olha, você tem que fazer isso para resolver"). E, se algo dá errado, esse tipo de aconselhamento não solicitado às vezes se transforma na crítica pelo resultado ("eu te disse"; "eu te falei", "eu te avisei" devem estar potencialmente entre as frases mais irritantes da língua portuguesa). Às vezes, esse tipo de discurso vem acompanhado de um gesto de solidariedade e apoio.

No entanto, em outras ocasiões, trata-se da simples lembrança de que sua escolha não foi perfeita, apesar de a fórmula do sucesso estar ao seu alcance ("se tivesse feito o que eu disse"). Como certa vez uma amiga me disse, logo depois do nascimento de sua primeira filha, sobre os palpites que escutava todos os dias: "Incrível como todo mundo sabe criar minha filha melhor do que eu; todo mundo tem a fórmula certa, só não estão aqui de madrugada quando a nenê acorda."

Escolher é se tornar

Olhando de perto, toda escolha deixa algum traço em nossa vida. Inscritas na linha do tempo de sua existência, escolhas mostram um momento de bifurcação, no qual você optou por *este*, não por outros caminhos. "Mas posso voltar atrás numa decisão", você pode argumentar. Sim, em muitos casos isso é possível. Relacionamentos pessoais podem ser desfeitos, você pode aceitar um emprego recusado anteriormente, pode tentar novamente em diversos casos e situações.

No entanto, não pode retomar sua *condição* de antes da decisão; não é possível voltar a ser quem era *antes* de ter a experiência proporcionada pela decisão — a experiência já está inscrita em sua história, e o arrependimento pela decisão não elimina as vivências daquele período. Você *mudou*, e, por mais que seja possível o cenário da mudança para escolher um caminho não percorrido, não há como retomar o *tempo* da escolha e, menos ainda, o tempo de quem você era naquele momento. Não é possível desaprender a si mesmo, e cada uma de suas experiências se torna parte de quem você passou a ser.

De certa maneira, esse é o sentido da escolha: *se tornar*.

A cada decisão, você se torna algo novo, e essa novidade precisa ser incorporada ao conjunto de suas vivências para ganhar algum sentido.

Esse processo às vezes pode demorar anos, talvez a vida toda, para entender como uma determinada novidade vai se integrar a você. E, mesmo assim, nem todas as escolhas fazem sentido: algumas simplesmente escapam a toda e qualquer lógica — lógica racional, bem entendido, porque o inconsciente tem razões próprias, mais fortes, quem sabe, do que a mente consciente. E, com alguma frequência, utilizamos a razão para justificar nossos desejos (o nome disso é "parcelar no cartão").

Anos atrás, participei de um evento acadêmico na cidade de Gramado, no Rio Grande do Sul. Terminadas as atividades na universidade, fomos — Anna, Lucas e eu — passear pela cidade. E, a certa altura, encontramos uma loja que vendia relógios cuco. Entramos imediatamente: era um projeto nosso antigo ter um desses em casa (se você preferir, pode dizer que era a vontade agindo, e provavelmente tem razão).

Os preços variavam entre R$ 400 e R$ 5.400 (para você ter um termo de comparação e atualizar os valores, o salário mínimo era de R$ 622 naquela época). Os menores, de parede, contavam com um simpático cuco de resina; os mais elaborados tinham quase dois metros, pêndulo e um pássaro bem elaborado, com penas artificiais e revestido de veludo. Enquanto Lucas, aos oito meses — e vestindo um *body* no estilo de um *smoking*, com direito a gravata-borboleta —, se divertia com os sons, Anna e eu nos lembramos do espaço limitado do avião e acabamos ficando sem muitas opções.

Mas a história é sobre outro casal, um pouco mais velho do que nós, na loja.

O marido estava encantado com um dos modelos na faixa de quatro mil reais e insistia com a esposa. O argumento dela era direto ao ponto:

— A gente não tem quatro mil para gastar com um relógio. É muito dinheiro.

Nesse momento, um dos vendedores se aproximou deles e lembrou:

— Olha, a gente parcela em até dez vezes no cartão. Aí ficam dez de quatrocentos.

O casal se entreolhou por um momento e o marido disse:

— Quatrocentos a gente pode pagar.

— Sim, se é quatrocentos a gente leva.

Porque as escolhas não têm limites. Nem na hora de tomar decisões financeiras.

Conclusão

Enfrentar a violência da perfeição

> La vida es un *puzzle* de numerosas piezas, dispersas, y nosotros, los ingenieros que intentamos selecionar algunas, para configurar un sentido, una estructura, una forma significativa.*
>
> Cristina Peri Rossi, *Nocturno urbano*

VIOLÊNCIA E PERFEIÇÃO NÃO SÃO TERMOS QUE COSTUMAM ANDAR juntos. Ao contrário: costumamos associar violência ao mal e perfeição ao bem, como categorias previamente definidas. Vale lembrar, no entanto, que nessas duas palavras, etimologicamente, associações de caráter moral não são tão explícitas ou marcantes.

A palavra violência vem do latim, *violare*, e tem um sentido de "atravessar" ou "colocar no sentido contrário". Seu sentido original é "movimento contra alguma coisa". A palavra violência se refere a uma atitude antinatural, que interfere no curso natural de algo por ser um movimento que atravessa, interrompe, destrói. Não é coincidência que, até hoje, trazemos isso

---

* A vida é um quebra-cabeça de muitas peças dispersas, e nós somos os engenheiros que tentam escolher algumas delas para dar um sentido, uma estrutura, uma forma significativa. [N. do E.]

à nossa percepção quando falamos que a vida de fulano "foi interrompida" por um ato de violência. O curso esperado da vida da pessoa é abruptamente cortado, ou atravessado, por uma ação que interrompe esse fluxo.

A violência é entendida como interrupção, a transformação do natural. Isso não era necessariamente visto como algo ruim, "do mal". Em seu sentido clássico, a violência tem esse caráter de irrupção e não trabalha com consequências: ela simplesmente muda a ordem das coisas, sem dizer para onde vão. Por isso que é fácil a violência escalar: uma vez que você interrompe o curso da ação pela violência, novos cursos vão surgir.

Culturalmente, temos a ideia de que o encontro entre duas pessoas é precedido de uma saudação e, nela, nós reconhecemos o outro. Como nos lembra um filósofo lituano chamado Emmanuel Levinas, no ato de saudar eu reconheço o outro como um ser humano igual a mim. Cumprimentar é muito mais do que algo apenas vinculado à polidez: ele implica um reconhecimento da humanidade do outro. Aqueles a quem, em um momento de violência, não reconheço a humanidade, não saúdo, não cumprimento, e sim desvio o olhar.

Desviar o olhar do humano

Para dar um exemplo triste das grandes cidades, quando uma pessoa em situação de vulnerabilidade me interpela na rua com o seu olhar para me pedir alguma coisa, tenho que fazer um esforço para desviar daquele olhar; se olhar no olho dela, vou me lembrar da minha própria humanidade e da minha própria condição de vulnerabilidade. Por isso preciso, naquele momento, fazer um gesto duplo de violência, para me preservar no meu imaginário lugar de segurança. Quando desvio o meu olhar, estou desviando o olhar de mim mesmo, no sentido de que estou negando um pedaço da humanidade e minha própria vulnerabilidade. É nesse ponto que o ato de comunicação se interrompe. Lembra quando falei, agora há pouco, que a **violência é uma interrupção**?

CONCLUSÃO

No mundo universitário, perdi a conta de quantas vezes vi pessoas que trabalham em funções consideradas subalternas serem ignoradas por estudantes e docentes. Nós desviamos o olhar, e isso é uma forma de violência cotidiana, porque interrompe aquilo que deveria ser um fluxo de comunicação. E a comunicação não precisa ser um grande momento de conversa, mas uma relação mínima, uma ponte por cima da tentação da violência.

No âmbito das mídias digitais, como não temos a necessidade do "olho no olho", podemos, com muita frequência, nos esconder atrás do algoritmo ou da plataforma. Nos sentimos à vontade para impetrar, cotidianamente, atos de violência, atos de interrupção. Os *haters* e os discursos de ódio circulam livremente porque não identificamos mais esse outro como alguém igual a nós. Podemos nos perguntar se todos esses *haters*, que destilam discursos de ódio todos os dias nos grupos de redes sociais, conversariam olho no olho com a pessoa que desprezam, porque o olhar desarma.

A filósofa francesa Agata Zielinski recorda o quanto significa olhar para os outros de uma maneira mais ampla. Quando se reconhece a dignidade da pessoa, "ela não se reduz a um único aspecto da sua existência (seu sofrimento ou sua deficiência, por exemplo). Trata-se de reconhecer o que contribui para que ela exista, o que lhe dá gosto pela vida".

Temos muitas palavras para nomear o ato de um ser humano disparar uma arma contra outro ser humano. Pode ser por conta de uma ideologia política, de uma religião, de um grupo, de um time de futebol, mas todas se referem a esse momento em que se parte para a barbárie. O ato de agredir o outro nos lembra do quanto ainda há de barbárie dentro de cada um de nós.

Não é coincidência que Freud, em *Totem e tabu*, escrito entre 1912 e 1913, coloque a violência como um ato de fundação da sociedade. Em sua elaboração, propõe a ideia de que, numa era mitológica, a sociedade era comandada por um pai tirânico que se aproveitava de seus filhos e filhas. Um dia, eles se revoltam e matam esse pai simbólico.

No entanto, imediatamente, eles se dão conta de vários problemas.

Em primeiro lugar, o ato funda outra ordem entre eles, não mais organizada pelo medo do pai mitológico, mas pelo medo uns dos outros. Para que nenhum deles assuma o lugar do pai, todos passam a se vigiar mutuamente, de forma a garantir que a violência desencadeada pelo assassinato mítico do pai não se torne a "batalha de todos contra todos", aquilo que o filósofo inglês Thomas Hobbes, alguns séculos antes, já nomeou como "estado de natureza". Essa violência fundadora é interiorizada: não vai mais se direcionar ao assassinato do pai, mas se vinculará à vigilância de todos.

Além disso, consumidos pela culpa, esses filhos instauram a lembrança da morte para que, ao se lembrarem desse acontecimento em sacrifício ritual, nunca voltem a cometer aquele crime. Isso funda a sociedade. Freud tem uma frase que acho muito interessante: ele diz que, na primeira vez que um ser humano atirou uma ofensa, e não uma flecha, na direção do outro, se fundou a sociedade. Quando chegamos à violência de fato, estamos abrindo mão daquilo que torna possível a sociedade, a convivência entre seres humanos, e retornamos àquele estado de barbárie.

No entanto, essa barbárie macro, da guerra ou da violência, é apenas uma das que todos nós enfrentamos. Essa parte explícita é visível e pode ser problematizada, como deve ser feito, em todos os momentos. É possível destacar outra violência, tão cruel quanto, mas muito menos visível.

Quando se fala de violência, você pode se lembrar de brigas ou guerras, mas há outros tipos que, por serem mais sutis, tendem a se perpetuar e se reproduzir. É esse tipo de violência que gostaria de endereçar, a violência que me desafia a pensar desde criança.

Dou um exemplo de uma situação trivial. Por que trivial? Porque é no trivial, na maioria das vezes, que os principais processos de violência simbólica se manifestam, nos quais ninguém presta atenção. Estava no supermercado, na fila de frios, e um senhor, na minha frente, esperava para ser atendido. A funcionária do supermercado disse "bom dia", e a resposta dele foi direta e alta: "trezentos de presunto, duzentos de salame".

Por que se diria que isso é um ato violento? Porque faltou "bom dia", faltou "oi". No momento em que ele fala em tom imperativo, ignorando toda e qualquer cortesia, ele desumaniza o outro. Ele poderia falar dessa forma com uma máquina, talvez com um aplicativo. Naquele momento, ao falar dessa maneira com outro ser humano, ele retira um pedaço da dignidade do outro — você reduz uma pessoa a condição de coisa quando não a considera digna de um "bom dia".

Quando você desumaniza o outro, também se desumaniza. A violência nunca deixa de desumanizar o próprio violento. O humano se forma na relação. Poderiam argumentar que estou analisando demais ou problematizando além da conta. Talvez, mas nas pequenas coisas somos capazes de enxergar alguns dos índices de violência simbólica.

Podemos perguntar, por exemplo, se aquele mesmo senhor, quando chega ao local de trabalho e encontra os seus superiores, se ele também falaria do mesmo modo: "Relatório agora. Trezentas páginas." Certamente não, porque conhece as consequências e sabe muito bem gerenciar sua polidez. Imagino que, ao entrar no seu local de trabalho, ele falou "bom dia", talvez até tenha sorrido, mesmo sem vontade. O que, para além de cargo, prestígio, dinheiro e poder, o superior dele tem que aquela moça não tinha? O que, em termos de humanidade, separaria os dois?

Vale, nesse sentido, trabalhar alguns aspectos dessas microagressões do cotidiano. Em particular, algo que poderia ser entendido como a violência da perfeição.

Diante do imperfeito

Não é coincidência que atos de violência física, em geral contra minorias, sejam perpetrados em grupo. Primeiro, pelo ato covarde, mas, segundo, porque, em grupo, a vergonha que o ato provoca é dividida. Assim, há a necessidade do grupo para apoio, para explicar o ato e para lembrar as desculpas e justificativas que sustentam a violência em relação a um grupo minoritário.

Quando estamos ao vivo, por vezes temos a chance de contradizer a violência que se forma e, eventualmente, desmantelá-la antes que ela escale. No entanto, em um ambiente virtual, isso tende a se dificultar. Pela própria estrutura das plataformas, é muito mais fácil encontrar quem pensa do meu jeito do que quem pensa de outra maneira. E, no momento em que estou cercado em mim mesmo, há uma grande chance de entender que o meu discurso é o único correto. A ausência do contraditório gera certezas, um reforço contínuo da posição, e certezas muito fortes geram o risco de deixarmos de ver o outro com o mesmo valor que nós temos.

É nesse sentido que a interrupção provocada pela violência no cotidiano das mídias digitais é tão forte. Pessoas sofrem todo tipo de agressão, e nem sempre é possível identificar alguém dali, logo acabou. Aquele ataque se esvaiu porque outro veio, talvez mais grave, e chamou nossa atenção. Porém, para aquela pessoa que foi agredida, ridicularizada, exposta, para quem a vida sofreu uma interrupção que talvez nunca possa ser corrigida, não passa. Há relatos de *bullying* virtual que destroem a vida de alguém por inúmeras razões e afetam de tal maneira a vida psíquica que, em muitos aspectos, ela não volta a ser como era antes.

Quem nos lembra sobre esse processo é, novamente, Judith Butler, numa série de livros sobre o discurso de ódio e os problemas da violência e da não violência. Ela nos faz pensar o quanto essa violência, institucionalizada no cotidiano, tornada cotidiana, muitas vezes traz um componente um tanto mais cruel em medida que é menos visível. Butler lembra que a violência da destruição da dignidade é absolutamente devastadora para a vida psíquica dos sujeitos.

Junto a isso, podemos analisar outro ponto dessa questão da violência, o *bullying* virtual, que destrói a reputação de alguém atacando pelo "negativo". "Você é um problema", "Você é ruim", "Você é feia", "Seu corpo não está no padrão certo", e assim por diante. Basta, para isso, não ser perfeito.

Segundo os pesquisadores Thomas Curran e Andrew P. Hill, a preocupação com o perfeccionismo está aumentando na sociedade, especialmente entre os jovens. O estudo, realizado com pessoas nascidas entre 1989 e 2016, indicou um crescimento linear da sensação de "ter que ser perfeito" a qualquer custo. Eles também sentem que são mais demandados pelas gerações anteriores. Como consequência, exigem mais dos outros e de si mesmos.

CONCLUSÃO

A raiz desse tipo de atitude, de acordo com os pesquisadores britânicos, está na maneira como as novas gerações vem incorporando, em suas relações sociais, os valores do neoliberalismo, especialmente individualismo, meritocracia e competitividade. Isso gera nos indivíduos uma permanente necessidade de mostrar bons resultados, desempenhar uma atividade corretamente e obter realizações rumo a um estilo de vida perfeito, resumido em conquistas, riqueza e *status*.

Não é coincidência, concluem os autores da pesquisa, que os jovens estejam exigindo cada vez mais de si mesmos e dos outros para atingir rapidamente esses objetivos. Segundo eles, "jovens notam um contexto social cada vez mais exigente, que os outros os julgam com mais severidade e estão cada vez mais tentados a exibir a perfeição como forma de garantir a aprovação de outras pessoas".

Essa é uma violência sutil porque atua no positivo. Ela não critica, mas mostra que você não é perfeito. Apresenta a perfeição que você não atingiu, que talvez seja impossível, e, dessa maneira, pode inferiorizá-lo. Essa perfeição, talvez, sirva de estímulo, mas com o efeito colateral de colocá-lo no devido lugar. Isso não deve tirar o mérito de quem atingiu grandes conquistas, porém a questão é o quanto esse processo, ao ecoar nas mídias digitais, se apresenta como um discurso da perfeição obrigatória, que tende a inferiorizar quem não atinge essa perfeição.

Muitas vezes, a gente recebe um conteúdo selecionado, editado para que não vejamos o esforço feito por alguém. Este se configura como um regime de dupla violência pois, de um lado, retira o caminho do esforço da pessoa e dá a impressão de que é fácil, quando raramente esse é o caso; por outro, cria para os outros uma sensação de "por que essa pessoa conseguiu e não eu?". O outro se torna apenas um ícone, uma imagem desprovida de toda uma história, de seu esforço, de conflitos e hesitações.

Podemos, assim, até questionar quais são os modelos de perfeição na sociedade, uma vez que tendemos a associar a perfeição ao sucesso. Por uma série de comparações da perfeição associadas a lucro, padrão estético e modos de ser, geramos, quase imediatamente, o oposto complementar que é a estigmatização, como já vimos.

Quando recebemos inúmeras mensagens, informações, postagens e vídeos nos dizendo como viver a nossa vida, como estamos errados de viver do nosso modo, percebemos rapidamente que essa é uma violência sistêmica do desrespeito ao modo de ser do outro. Aqui voltamos a Judith Butler: quando você desrespeita, por definição, a forma de vida do outro, em alguma medida está considerando a sua forma de viver a melhor.

Essas opiniões, talvez na maioria dos casos, são apoiadas em um discurso leigo baseado na experiência empírica individual, o que nos leva a um problema lógico. Por que a minha vivência da realidade é melhor do que a experiência do outro?

E assim, ao questionar e quebrar o modo de vida do outro, destruindo a perspectiva da forma de vida, mexe com a condição humana desse outro.

Isso leva a um ciclo: escolhe-se algo como perfeito e estipula-se isso como o padrão. Uma perfeição, inatingível, deixa de ser um ideal e torna-se um problema. Vejo, muitas vezes, jovens se cobrando com vinte e poucos anos por não terem atingido patamares impossíveis de atingir. A estipulação desse impossível gera uma enorme ansiedade e, quando eles não atingem o impossível, a ansiedade se transforma em tristeza, quando não em depressão. Você é cobrado pelo impossível e, quando o impossível se revela, você é responsabilizado por não o ter atingido.

Discursos que fazem comparações do tipo "Ah, mas outra pessoa conseguiu" são exatamente o que você pode entender como "violência da perfeição". Uma perfeição que não é colocada como ideal de excelência a ser atingido, que nós precisamos e vamos buscar, mas como algo que rompe o fluxo da vida.

Como diz Judith Butler, não é de uma hora para outra que vulnerabilidade se torna força, mas, no momento em que o indivíduo percebe que está sendo sistematicamente ferido (vulnerabilidade vem do latim *vulneras*, que significa ferido), pode fazer um gesto fundamental, dizendo "Não", "Chega", "Agora não". Esse indivíduo pode dizer: "Você não vai mais impor esse discurso sobre o meu corpo, porque acabei de falar com os meus outros amigos e nós descobrimos que o meu corpo vale tanto como o seu" ou "O meu jeito de namorar vale tanto como o seu". A vulnerabilidade, ao reconhecer sua condição, pode se tornar potência.

CONCLUSÃO

Para fechar

O outro ponto é a perspectiva do gesto de falar "não", "eu não vou ser este que propuseram", "eu vou ser aquilo que for possível". O perfeito não lida com o possível, mas com uma ideia de finalidade, e é nesse sentido que a finalidade implica a relação com o outro.

A filósofa Edith Stein, que, assim como Simone Weil e Emmanuel Levinas, viveu na primeira metade do século XX e passou pela experiência da violência absoluta, o nazismo, nos lembra de que valorizar o outro e encontrar o outro não é falar pelo outro, mas é falar e sentir *com* o outro.

Curiosamente, a experiência de Stein não traz o amargor dos anos de guerra, mas a vitalidade de um pensamento na direção do outro, que nos relembra constantemente da necessidade de valorizar a outra pessoa. O antídoto da violência está também nesse gesto que Stein propõe de sentir com o outro.

Anos atrás, numa tarde, estava numa livraria no centro de São Paulo. Depois de um tempo explorando as estantes, encontrei dois ou três livros que me interessavam — eles se jogam na minha direção, não tem como evitar — e fui pagar. Por acaso, tinha recebido uma nota alta e resolvi, por isso, pagar em dinheiro. Chegando no caixa, sorri, cumprimentei e estendi a nota. A senhora do caixa, minha conhecida há muitos anos, retribuiu o sorriso e disse:

— Essa é a linguagem universal.

Olhei por um segundo e disse, meio sem pensar:

— O dinheiro?!

Ela viu a nota, acenou com a cabeça e respondeu:

— Não, meu filho, o sorriso.

Sorri novamente, feliz por termos encontrado nossa humanidade comum.

É com esse sorriso que eu gostaria de encerrar este livro.

Agradecimentos

Um livro é feito de muitas vozes, tecidas em conversas, cafés, mensagens e diálogos. Agradecer a todas as pessoas que, de perto e de longe, contribuíram para este livro ocuparia um espaço além do possível. Entre esquecer um nome ou fazer um agradecimento geral, fico com o segundo.

Não sei se algum professor consegue escrever livros sem perguntas e comentários, histórias e vivências com alunas e alunos, em sala de aula, nos cafés e nas conversas de corredor. Por isso, um agradecimento especial vai para essas pessoas com quem tenho a alegria de conviver. Este livro, gente, é para lembrar o quanto vocês têm de bom. ;-)

Na prática terapêutica, um agradecimento a todas as pessoas com quem tenho e tive a oportunidade de trabalhar, em um diálogo conjunto no qual aprendi, a cada sessão, um pouco mais sobre a alma humana. Essas histórias alimentam o cotidiano e trazem esperança — porque existem várias formas de beleza a serem descobertas na vida.

Às amigas e amigos, professoras e professores de várias universidades, institutos, plataformas e centros de estudos por compartilharem ideias, ideais, boas histórias e a vontade de seguir no que fazemos, mesmo quando as nuvens anunciam tempos complicados.

No Grupo Editorial Record, Editora BestSeller, um agradecimento especial à Raïssa Lettieri, pela surpresa de um convite desses e pela paciência em discutir o projeto editorial; à Rayana Faria, do selo BestSeller, e ao Cassiano Elek Machado, pela acolhida desde o primeiro minuto (ou melhor, desde o primeiro e-mail). As cuidadosas revisões de Júlia Moreira e Iuri Pavan foram fundamentais para aprimorar o texto.

À minha mãe, Vera Lúcia (*in memoriam*), e ao meu pai, Antonio Carlos, por terem desde sempre me apoiado na hora de aprender, de ter curiosidade para perguntar e descobrir o mundo.

Para Anna Carolina, minha namorada há 25 anos ("desde 2007 na legalidade", como ela costuma dizer para se referir ao ano em que nos casamos), escritora, editora, leitora e editora número 1 deste e de outros livros, por ter a palavra certa na hora precisa.

E ao nosso filho, Lucas, por todas as ideias que trouxe para este livro em muitas conversas, e por deixar nossa vida sempre mais intensa.

E, para todas as pessoas que leram, um agradecimento especial.

Adaptando uma ideia de Simone Weil, no livro *Espera de Deus*, a coisa mais linda que se pode dar a um ser humano é atenção, porque, ao fazê-lo, você permite que ele recupere sua sensação de dignidade e a sua percepção de humanidade. Por isso, por sua atenção dada a estas páginas, queria retribuir com uma frase do livro *Nocturno urbano,* da poeta uruguaia Cristina Peri Rossi:

"Siempre hay tiempo para que amanezca mañana."

Notas

Página 14   **Sigo uma ideia:** RIVERA CUSICANQUI, Silvia. *Un mundo ch'ixi es posible.* Buenos Aires: Tinta Limón, 2018, p. 9. Tradução do autor.

Página 14   **Como lembra a filósofa:** hooks, bell. *Yearning.* Nova York; Londres: Routledge, 2015, p. 125. Tradução do autor.

Página 22   **Analisando a situação:** hooks, bell. *Ensinando comunidade.* São Paulo: Elefante, 2021, p. 153.

Página 27   **Em um trecho:** AGOSTINHO. *As confissões.* Petrópolis: Vozes, 1995.

Página 30   **Para o professor:** HORWITZ, Allan V. Normality. *Contexts*, v. 7, n. 1, 2008, p. 70-71. Tradução do autor.

Página 35   **A escritora francesa:** ERNAUX, Annie. *A vergonha.* São Paulo: Fósforo, 2023, p. 41.

Página 38   **Os pesquisadores:** LIVRAMENTO, Mariana N.; HOR-MEYLL, Luis F.; PESSÔA, Luís A. G. P. Valores que motivam mulheres de baixa renda a comprar produtos de beleza. *Revista de Administração Mackenzie*, São Paulo, v. 14, n. 1, jan./fev. 2013, p. 45.

Página 50   **Em seu livro:** hooks, bell. *Pertencimento.* São Paulo: Elefante, 2022, p. 55.

Página 56   **Hay que trabajar:** Devemos trabalhar pela perfeição da obra e sem depender de elogios.

Página 61   **No livro:** ARIZAGA, Cecilia. *Sociología de la felicidad.* Buenos Aires: Biblos, 2017, p. 95. Tradução do autor.

Página 67   **A pesquisadora:** JUVA, Ina. *Who can be 'normal'? Constructions of normality and processes of exclusion in two Finnish comprehensive schools.* 2019. Tese (Doutorado em Educational Sciences) — Universidade de Helsinki, 2019, p. 18. Tradução do autor.

Página 73 **Um corpo ideal:** JUVA, Ina. *Who can be 'normal'? Constructions of normality and processes of exclusion in two Finnish comprehensive schools*. 2019. Tese (Doutorado em Educational Sciences) — Universidade de Helsinki, 2019, p. 18. Tradução do autor.

Página 73 **No fim do século XVIII:** KANT, Immanuel. *Crítica da razão prática*. Lisboa: Edições 70, 2022.

Página 112 **Como diz a escritora:** ERNAUX, Annie. *A vergonha*. São Paulo: Fósforo, 2023, p. 67.

Página 119 **Esse desejo:** hooks, bell. *Anseios*. São Paulo: Elefante, 2019, p. 286.

Página 127 **Elas estão comprando:** TAYLOR, Mia. 'Sephora kids' and the booming business of beauty products for children. *BBC*, 22 jan. 2024. Tradução do autor.

Página 128 **Em um estudo:** FERRAZ, Sabrina B.; SERRALTA, Fernanda B. O impacto da cirurgia plástica na autoestima. *Estudos e Pesquisas em Psicologia*, Rio de Janeiro, v. 7, n. 3, 2007, p. 204.

Página 128 **Do mesmo modo:** MOREL, Aline P. S.; MACEDO, Sâmara B.; SETTE, Ricardo S.; REZENDE, Daniel C. Simbolismo e extensão do self no consumo de produtos de beleza. *Pretexto*, Belo Horizonte, v. 17, n. 1, 2016, p. 26.

Página 135 **Segundo seu artigo:** ISAKSEN, Katja J.; ROPER, Stuart. The commodification of self-esteem: Branding and British teenagers. *Psychology & Marketing*, v. 29, n. 3, mar. 2012, p. 117 e p. 131. Tradução do autor.

Página 137 **Nas palavras do cientista:** MBEMBE, Achille. *Crítica da razão negra*. Lisboa: Antigona, 2014, p. 197.

Página 137 **Numa entrevista:** ROBSON, David. Extreme exhaustion and burnout: How it happens and what to do about it. *BBC*, 17 jan. 2024. Tradução do autor.

Página 145 **Segundo seu artigo:** SOARES, Ana K. S.; KAMAZAKI, Daniely F.; freire, Elisa A. Procrastinar academicamente é coisa de perfeccionista? Correlatos valorativos e da personalidade. *Avances en Psicología Latinoamericana*, v. 1, n. 39, 2021, p. 12.

Página 156 **Ao contrário:** STUPPY, Anika; MEAD, Nicole L.; OSSELAER, Stijn M. J. V. I am, therefore I buy: Low self-esteem and the pursuit of self-verifying consumption. *Journal of Consumer Research*, v. 46, n. 1, 2020, p. 956. Tradução do autor.

Página 160 **A partir de entrevistas:** FERRAZ, Sabrina B.; SERRALTA, Fernanda B. O impacto da cirurgia plástica na autoestima. *Estudos e Pesquisas em Psicologia*, Rio de Janeiro, v. 7, n. 3, 2007, p. 206.

Página 207 **Não é coincidência:** CURRAN, Thomas; HILL, Andrew P. Perfectionism is increasing over time: A meta-analysis of birth cohort differences from 1989 to 2016. *Psychological Bulletin*, v. 145, n. 4, 2019, p. 420. Tradução do autor.

Referências

Obras literárias

BACELAR, Carina. *As despedidas*. São Paulo: Marisco, 2022.
BELLESSI, Diana. *La pequeña voz del mundo*. Córdoba: Caballo Negro, 2023.
BERETTA, Lolita C. *Dispersar todo sonho*. São Paulo: Quelônio, 2022.
BLÉFARI, Rosario. *Las reuniones*. Buenos Aires: Rosa Iceberg, 2018.
CORDEIRO, Patrícia. *O horizonte aqui não se vê de baixo*. São Paulo: Giostri, 2021.
DELIAS, Daniela. *Alice e os dias*. Rio Grande: Concha, 2019.
FERRARI, Flávia. *É tudo ficção*. Curitiba: Eu-i; Toma Aí Um Poema, 2022.
MELO, Sara de. *Essa casa feita de palavras*. Brasília: Voamundo, 2020.
MENA, Paola S. *Nudes da alma*. Curitiba: InVerso, 2021.
MISTRAL, Gabriela. *Toda culpa es un misterio*. Santiago: La Pollera, 2021.
PERI ROSSI, Cristina. *Nocturno urbano*. Buenos Aires: Fondo de Cultura Economica, 2023
PORTELLA, Mariana. *Viver é fictício*. São Paulo: Laranja Original, 2018.
PRINCE, Carolina. *Aurora*. São Paulo: Primata, 2021.

Referências por capítulo

Apresentação

hooks, bell. *Anseios*. São Paulo: Elefante, 2019.
RIVERA CUSICANQUI, Silvia. *Un mundo ch'ixi es posible*. Buenos Aires: Tinta Limón, 2018.

Introdução

hooks, bell. *Ensinando comunidade*. São Paulo: Elefante, 2021.
NIETZSCHE, Friedrich. *A gaia ciência*. São Paulo: Companhia das Letras, 2009.
SARNER, Moya. The age of envy: How to be happy when everyone else's life looks perfect. *The Guardian*, Londres, 9 out. 2018. Disponível em: www.theguardian.com/lifeandstyle/2018/oct/09/age-envy-be-happy-everyone-else-perfect-social-media. Acesso em: 24 jan. 2025.

Capítulo 1 — Vida normal, uma ficção

AGOSTINHO. *As confissões*. Petrópolis: Vozes, 1995.
CANGUILHEM, Georges. *O normal e o patológico*. Rio de Janeiro: Forense, 1996.
ERNAUX, Annie. *A vergonha*. São Paulo: Fósforo, 2023.
FOUCAULT, Michel. *Os anormais*. São Paulo: Martins Fontes, 2016.
GOFFMAN, Erving. *A representação do eu na vida cotidiana*. Petrópolis: Vozes, 2024.
GOFFMAN, Erving. *Relations in public*. Londres: Routledge, 2021.
HORWITZ, Allan V. Normality. *Contexts*, v. 7, n. 1, p. 70-71, 2019.
LIVRAMENTO, Mariana N.; HOR-MEYLL, Luis F.; PESSÔA, Luís A. G. P. Valores que motivam mulheres de baixa renda a comprar produtos de beleza. *Revista de Administração Mackenzie*, São Paulo, v. 14, n. 1, p. 44-74, jan./fev. 2013.
SMITH, Rosanna K.; VANDELLEN, Michelle R.; TON, Lan A. Makeup who you are: Self-expression enhances the perceived authenticity and public promotion of beauty work. *Journal of Consumer Research*, v. 48, n. 1, p. 102-124, 2021.
SMITH, Rosanna K.; YAZDANI, Etham; WANG, Pengyuan; SOLEYMANI, Saber; TON, Lan Ahn N. The cost of looking natural: Why the no-makeup movement may fail to discourage cosmetic use. *Journal of the Academy of Marketing Science*, v. 50, n. 1, p. 324-337, 2022.
STETS, Jan E.; BURKE, Peter J. Self-esteem and identities. *Sociological Perspectives*, v. 57, n. 4, p. 409-433, 2014.
VALKENBURG, Patti; BEYENS, Ine; POUWELS, J. Loes; VAN DRIEL, Irene I.; KEIJSERS, Loes. Social media use and adolescents' self-esteem: Heading for a person-specific media effects paradigm. *Journal of Communication*, v. 71, n. 1, p. 56-78, 2021.

Capítulo 2 — Perfeição traz felicidade?

ARIZAGA, Cecilia. *Sociología de la felicidad*. Buenos Aires: Biblos, 2017.
BASAK, Rasim. Perfectionist attitudes of artistically talented students in the art classroom. *Procedia*, v. 46, n. 1, p. 5.010-5.014, 2012.
CARRETEIRO, Teresa C. Sofrimentos sociais em debate. *Psicologia USP*, São Paulo, v. 14, n. 3, p. 57-72, 2003.
COLDWELL, Will. The rise of perfectionism — and the harm it's doing us all. *The Guardian*, Londres, 4 jun. 2023. Disponível em: www.theguardian.com/society/2023/jun/04/the-rise-of-perfectionism-and-the-harm-its-doing-us-all. Acesso em: 24 jan. 2025.
HEWITT, Paul L.; FLETT, Gordon L. Perfectionism in the self and social contexts: Conceptualization, assessment, and association with psychopathology. *Journal of Personality and Social Psychology*, v. 60, n. 3, p. 456-470, 1991.

hooks, bell. *Pertencimento*. São Paulo: Elefante, 2022.

RASMUSSEN, Katie E.; TROILO, Jessica. "It has to be perfect!": The development of perfectionism and the family system. *Journal of Family Theory & Review*, v. 8, n. 1, p. 154-172, jun. 2016.

VOESE, Carla F.; KLEINPAUL, William V.; PETRY, Analidia R. Cirurgia plástica estética: Experiências sobre (re)construções corporais e implicações para enfermagem. *Revista da Rede de Enfermagem do Nordeste*, Fortaleza, v. 16, n. 2, p. 185-193, mar./abr. 2015.

ZIENLINSKI, Caroline. Great expectations: 'The quest for perfection has cannibalised my identity'. *The Guardian*, Londres, 1º jan. 2020. Disponível em: www.theguardian.com/lifeandstyle/2020/jan/02/great-expectations-the-quest-forperfection-has-cannibalised-my-identity. Acesso em: 24 jan. 2025.

Capítulo 3 — As armadilhas de uma ilusão

hooks, bell. *Pertencimento*. São Paulo: Elefante, 2022.

RASMUSSEN, Katie E.; TROILO, Jessica. "It has to be perfect!": The development of perfectionism and the family system. *Journal of Family Theory & Review*, v. 8, n. 1, p. 154-172, 2016.

VOESE, Carla F.; KLEINPAUL, William V.; PETRY, Analidia R. Cirurgia plástica estética: Experiências sobre (re)construções corporais e implicações para enfermagem. *Revista da Rede de Enfermagem do Nordeste*, Fortaleza, v. 16, n. 2, p. 185-193, mar./abr. 2015.

ZIENLINSKI, Caroline. Great expectations: 'The quest for perfection has cannibalised my identity'. *The Guardian*, Londres, 1º jan. 2020. Disponível em: www.theguardian.com/lifeandstyle/2020/jan/02/great-expectations-the-quest-for-perfection-has-cannibalised-my-identity. Acesso em: 24 jan. 2025.

Capítulo 4 — Breve história de uma ideia

FOUCAULT, Michel. *História da loucura*. São Paulo: Perspectiva, 1995.

FOUCAULT, Michel. *Os anormais*. São Paulo: Martins Fontes, 2005.

Capítulo 5 — Quem decide o que é perfeito?

BOURDIEU, Pierre. *O poder simbólico*. Rio de Janeiro: Bertrand, 1998.

BOURDIEU, Pierre. *O senso prático*. Petrópolis: Vozes, 2010.

JUVA, Ina. *Who can be 'normal'? Constructions of normality and processes of exclusion in two Finnish comprehensive schools*. 2019. Tese (Doutorado em Educational Sciences) — Universidade de Helsinki, 2019.

VON FRANZ, Marie-Louise. *A sombra e o mal nos contos de fada*. São Paulo: Paulus, 2020.

Capítulo 6 — Pessoas perfeitas (e como lidar com elas)

HOLMSTROM, Amanda J. What helps — and what doesn't — when self-esteem is threatened?: Retrospective reports of esteem support. *Communication Studies*, v. 63, n. 1, p. 77-98, jan./mar. 2012.

HOLMSTROM, Amanda J.; SHEBIB, Samantha J.; MAZUR, Allison P.; MASON, Adam J.; ZHANG, Lu; ALLARD, Amanda; BOUMIS, Josephine K. Self-conscious emotions and esteem support: The effectiveness of esteem support in alleviating state shame and guilt. *Human Communication Research*, v. 47, n. 1, p. 105-131, 2021.

hooks, bell. *Anseios*. São Paulo: Elefante, 2019.

SOUZA, Érica R. S.; COSTA-VAL, Alexandre. Nem essência, nem aparência: A produção de corpos, "normalidades" e liberdades mediadas pelas tecnociências. *Saúde e Sociedade*, São Paulo, v. 31, n. 2, p. 1-11, 2022.

ZWEIG, Connie; ABRAHAMS, Jeremiah. Introdução: O lado da sombra na vida cotidiana. *In*: ZWEIG, Connie; ABRAHAMS, Jeremiah (org.). *Ao encontro da sombra*. São Paulo: Cultrix, 2012.

Capítulo 7 — Esconder o imperfeito: vergonha e timidez

ATAR, G. Motif. Imposed and perceived beauty: Are you beautiful enough to be an advertising model? *Global Media Journal*, v. 11, n. 21, p. 14-35, 2020.

BILENKY, Marina K. *Vergonha*. São Paulo: Blucher, 2018.

CUNHA, Marina; XAVIER, Ana Maria J.; CHERPE, Sónia; GOUVEIA, José P. Avaliação da vergonha em adolescentes: 'The Other as Shamer Scale'. *Psicologia: Teoria e Pesquisa*, Brasília, v. 33, p. 1-9, 2017.

FOUCAULT, Michel. *Em defesa da sociedade*. São Paulo: Martins Fontes, 2012.

ZYGOURIS, Radmila. *Ah! As belas lições*. São Paulo: Escuta, 1995.

Capítulo 8 — A indústria da baixa autoestima

FERRAZ, Sabrina B.; SERRALTA, Fernanda B. O impacto da cirurgia plástica na autoestima. *Estudos e Pesquisas em Psicologia*, Rio de Janeiro, v. 7, n. 3, p. 557-569, 2007.

ISAKSEN, Katja J.; ROPER, Stuart. The commodification of self-esteem: Branding and British teenagers. *Psychology & Marketing*, v. 29, n. 3, p. 117-135, mar. 2012.

KILYENI, Annamaria. The promise of instant beauty in the language of print advertisements for cosmetics. *Scientific Bulletin of the Politehnica University of Timisoara*, v. 11, n. 1-2, p. 19-30, 2012.

MBEMBE, Achille. *Crítica da razão negra*. Lisboa: Antígona, 2014.

ROBSON, David. Extreme exhaustion and burnout: How it happens and what to do about it. *BBC*, 17 jan. 2024. Disponível em: www.bbc.com/future/article/20240117-extreme-exhaustion-the-truth-about-burnout. Acesso em: 24 jan. 2025.

TAYLOR, Mia. 'Sephora kids' and the booming business of beauty products for children. *BBC*, 22 jan. 2024. Disponível em: www.bbc.com/worklife/article/20240119-sephora-kids-and-the-booming-business-of-beauty-products-for-children. Acesso em: 24 jan. 2025.

Capítulo 9 — A pressão de dentro: criando narcisistas deprimidos

ALMEIDA, Aline C. *Sou uma fraude (?)*: Explicando a síndrome do impostor. 2020. (Doutorado em Psicologia Social) — Universidade Federal da Paraíba, João Pessoa, 2020.

FREUD, Sigmund. Introdução ao narcisismo. *In*: FREUD, Sigmund. *Introdução ao narcisismo, ensaios de metapsicologia e outros textos (1914-1916)*. São Paulo: Companhia das Letras, 2010.

SOARES, Ana K. S.; KAMAZAKI, Daniely F.; FREIRE, Elisa A. Procrastinar academicamente é coisa de perfeccionista? Correlatos valorativos e da personalidade. *Avances en Psicología Latinoamericana*, v. 1, n. 39, p. 1-16, 2021.

Capítulo 10 — Desejo, capital e perfeição: a falta na lógica do excesso

FRIEDMAN, Daniel. *El sueño de vivir sin trabajar*. Buenos Aires: Siglo XXI, 2015.

LORDON, Frédéric. *Capitalisme, desir et servitude*. Paris: La Fabrique Editions, 2010.

LORDON, Frédéric. *La Societé des affects*. Paris: Seuil, 2013.

STUPPY, Anika; MEAD, Nicole L.; OSSELAER, Stijn M. J. V. I am, therefore I buy: Low self-esteem and the pursuit of self-verifying consumption. *Journal of Consumer Research*, v. 46, n. 1, p. 956-975, 2020.

Capítulo 11 — Perdas, a fragilidade da perfeição

BRANDÃO, Junito S. *Mitologia grega*. Petrópolis: Vozes, 1995.

FREUD, Sigmund. A transitoriedade. In: FREUD, Sigmund. *Introdução ao narcisismo, ensaios de metapsicologia e outros textos (1914-1916)*. São Paulo: Companhia das Letras, 2010.

FREUD, Sigmund. Luto e melancolia. In: FREUD, Sigmund. *Introdução ao narcisismo, ensaios de metapsicologia e outros textos (1914-1916)*. São Paulo: Companhia das Letras, 2010.

Capítulo 12 — O fantasma da vida perfeita

JOHNSON, Robert A.; RUHL, Jerry. *Viver a vida não vivida*. Petrópolis: Vozes, 2010.

KANT, Immanuel. *Crítica da razão prática*. Lisboa: Edições 70, 2022.

OGDEN, Thomas. *A vida não vivida*. São Paulo: Escuta, 2009.

Conclusão

CURRAN, Thomas; HILL, Andrew P. Perfectionism is increasing over time: A meta-analysis of birth cohort differences from 1989 to 2016. *Psychological Bulletin*, v. 145, n. 4, p. 410-429, 2019.

FREUD, Sigmund. Totem e tabu. In: FREUD, Sigmund. *Totem e tabu, Contribuição à história do movimento psicanalítico e outros textos (1912-1914)*. São Paulo: Companhia das Letras, 2010.

GOFFMAN, Erving. *Estigma*. Rio de Janeiro: Zahar, 1976.

ZIELINSKI, Agata. Avec l'autre: La vulnérabilité en partage. *Études*, t. 406, p. 769-778, 2007.

ZIELINSKI, Agata. Le libre choix: De l'autonomie rêvée à l'attention aux capacités. *Gérontologie et Société*, n. 131, p. 11-24, dez. 2009.

Referências gerais

AKSOY, Ahmet; SREEPADA, Nihar. Negotiating normality: Using digital media to combat the stigma and perceptions of Islam in the West. *Journal of Media and Religion*, v. 20, n. 4, p. 195-207, 2021.

ARISTÓTELES. *Ética a Nicômaco*. São Paulo: Edipro, 2011.

ARROYO, Marisa D. 'Ageing youthfully' or the rhetoric of medical English in advertising. *Iberica*, v. 28, n. 1, p. 83-106, 2014.

AS REDES sociais em perspectiva. *Gente Globo*, 19 dez. 2022. Disponível em: https://gente.globo.com/infografico-as-redes-sociais-em-perspectiva/. Acesso em: 24 jan. 2025.

BELK, Russell W. Possessions and the extended self. *Journal of Consumer Research*, v. 15, n. 1, p. 139-169, set. 1988.

BILENKY, Marina K. *Vergonha*. São Paulo: Blucher, 2018.

BOURDIEU, Pierre. *A distinção*. Rio de Janeiro: Zouk, 2009.

CHIARETTI, Paula; TFOUNI, Leda V. Discursos de livros de autoajuda e subjetividades prêts-à-porter. *Acta Scientiarum*, Maringá, v. 38, n. 4, p. 397-404, out./dez. 2016.

COLEMAN, Nicole V.; WILLIAMS, Patti. Feeling like my self: Emotion profiles and social identity. *Journal of Consumer Research*, v. 40, n. 1, p. 203-244, ago. 2013.

CORTESE, Beatriz P. Vergonha e práticas avaliativas. *Estudos em Avaliação Educacional*, São Paulo, v. 17, n. 34, p. 134-143, maio/ago. 2006.

DUTOT, Vincent. A social identity perspective of social media's impact on satisfaction with life. *Psychology & Marketing*, v. 37, n. 1, p. 759-772, 2020.

FALCI, Christina D. Self-esteem and mastery trajectories in high school by social class and gender. *Social Science Research*, v. 40, n. 2, p. 586-601, mar. 2011.

FONTENELLE, Isleide A. O fetiche do eu autônomo: consumo responsável, excesso e redenção como mercadoria. *Psicologia & Sociedade*, Recife, v. 22, n. 2, p. 215-224, 2010.

FOUCAULT, Michel. *As palavras e as coisas*. São Paulo: Martins Fontes, 2014.

FREIDES, David. Toward the elimination of the concept of normality. *Journal of Consulting Psychology*, v. 24, n. 2, p. 354-368, 1960.

FREUD, Sigmund. A transitoriedade. *In*: FREUD, Sigmund. *Introdução ao narcisismo, ensaios de metapsicologia e outros textos (1914-1916)*. São Paulo: Companhia das Letras, 2010.

FREUD, Sigmund. Luto e melancolia. *In*: FREUD, Sigmund. *Introdução ao narcisismo, ensaios de metapsicologia e outros textos (1914-1916)*. São Paulo: Companhia das Letras, 2010.

FROST, Natasha. The problem with perfectionists. *BBC*, 16 jul. 2020. Disponível em: www.bbc.com/worklife/article/20200715-why-no-one-wants-to-work-with-a-perfectionist. Acesso em: 24 jan. 2025.

GUGGENBÜHL-CRAIG, Adolf. *O abuso de poder na psicoterapia*. São Paulo: Paulus, 2019.

IILOUZ, Eva; CABANAS, Edgar. *Happycracia*. São Paulo: Ubu, 2022.

LUTZ, Sarah; SCHNEIDER, Frank M. Is receiving dislikes in social media still better than being ignored? The effects of ostracism and rejection on need threat and coping responses online. *Media Psychology*, v. 24, n. 6, p. 741-765, 2021.

MACHADO, Simone. O polêmico "chip da beleza" que preocupa médicos e pode causar até AVC. *BBC News Brasil*, 8 jan. 2024. Disponível em www.bbc.com/portuguese/articles/cjrg01r8y2ko. Acesso em: 24 jan. 2025.

MARSH, Sarah. The pressure of perfection: Five women tell their stories. *The Guardian*, Londres, 14 out. 2016. Disponível em: www.theguardian.com/commentisfree/2016/oct/14/perfect-girls-five-women-stories-mental-health. Acesso em: 24 jan. 2025.

MARTINO, Luís M. S. *10 lições sobre Goffman*. Petrópolis: Vozes, 2021.

MARTINO, Luís M. S. *Sem tempo para nada*. Petrópolis: Vozes, 2022.

MARTINO, Luís M. S. *Teoria sociológica*. Rio de Janeiro: Freitas Bastos, 2023.

REFERÊNCIAS

MARTINO, Luís M. S.; MARQUES, Ângela C. S. *Ética, mídia e comunicação*. São Paulo: Summus, 2018.

MARTINO, Luís M. S.; MARQUES, Ângela C. S. *No caos da convivência*. Petrópolis: Vozes, 2020.

MCBAIN, Sophie. The big idea: Is being 'good enough' better than perfection? *The Guardian*, Londres, 1º jan. 2024.

MIRANDA, Sandra; DUARTE, Margarida. How perfectionism reduces positive word-of-mouth: The mediating role of perceived social risk. *Psychology & Marketing*, v. 39, n. 1, p. 255-270, 2022.

MOREL, Aline P. S.; MACEDO, Sâmara B.; SETTE, Ricardo S.; REZENDE, Daniel C. Simbolismo e extensão do self no consumo de produtos de beleza. *Pretexto*, Belo Horizonte, v. 17, n. 1, p. 11-28, 2016.

NEVILLE, Patricia. Helping self-help books: Working towards a new research agenda. *Interactions*, v. 3, n. 3, p. 361-379, 2012.

NUNES, Daiane; FARO, André. The role of self-efficacy, self-esteem and self-concept in depression in adolescents. *Ciencias Psicológicas*, v. 15, n. 2, p. 1-13, jul./dez. 2021.

OFFER, Daniel; SABSHIN, Melvin. *Normality*. Nova York: Basic Books, 1966.

PAIVA, Tamyres T.; PIMENTEL, Carlos E.; MOURA, Giovanna B. Violência conjugal e suas relações com autoestima, personalidade e satisfação com a vida. *Gerais*, Belo Horizonte, v. 10, n. 2, p. 215-227, jul./dez. 2017.

PONTE, Vanessa P. Beleza, produção e normalização do corpo em narrativas de crianças. *Civitas*, Porto Alegre, v. 18, n. 1, p. 153-170, jan./abr. 2018.

RADZI, Nur S. M.; MUSA, Mahfuza. Beauty ideals, myths and sexisms: A feminist stylistic analysis of female representations in cosmetic names. *Journal of Language Studies*, v. 17, n. 1, p. 243-256, fev. 2017.

REZENDE, Claudia B. Imaginando o bebê esperado: Parentesco, raça e beleza no Rio de Janeiro. *Etnográfica*, v. 20, n. 2, p. 231-249, 2016.

ROBERTS, James A.; MANOLIS, Chris; PULLIG, Chris. Contingent self-esteem, self-presentational concerns, and compulsive buying. *Psychology & Marketing*, v. 31, n. 2, p. 147-160, mar. 2014.

ROBINSKY, Valerie; HOSEK, Angela M.; HUDAK, Nicole. It's better to be depressed skinny than happy fat: College women's memorable body messages and their impact on body image, self-esteem, and rape myth acceptance. *Health Communication*, v. 34, n. 13, p. 1.555-1.563, 2019.

RUGGERI, Amanda. The dangerous downsides of perfectionism. *BBC*, 20 fev. 2018. Disponível em: www.bbc.com/future/article/20180219-toxic-perfectionism-is-on-the-rise. Acesso em: 24 jan. 2025.

SANFORD, John A. *Os parceiros invisíveis*. São Paulo: Paulus, 2016.

SARTRE, Jean-Paul. *Entre quadro paredes*. Rio de Janeiro: Civilização Brasileira, 2012.

SARTRE, Jean-Paul. *O existencialismo é um humanismo*. Petrópolis: Vozes, 2014.

SARTRE, Jean-Paul. *O ser e o nada*. Petrópolis: Vozes, 1998.

SAUERBRONN, João F. R.; AYROSA, Eduardo A. T.; BARROS, Denise F. O consumidor envergonhado — reflexões sobre o sentimento de vergonha no marketing. *Cadernos EBAPE.BR*, Rio de Janeiro, v. 3, n. 2, p. 123-139, jul. 2005.

SCHMIDT, Maria L. G.; JANUÁRIO, Caio A. R.; ROTOLI, Liliane U. M. Sofrimento psíquico e social na situação de desemprego. *Cadernos de Psicologia Social do Trabalho*, São Paulo, v. 21, n. 1, p. 73-85, 2018.

SILVA, Valéria. Constituição identitária juvenil: O excesso como produto/resposta ao não-lugar, à efemeridade e à fluidez. *Política & Sociedade*, Florianópolis, v. 8, n. 1, p. 123-157, abr. 2006.

STEIN, Edith. *La estrutura de la persona humana*. Barcelona: Bac, 2019.

STEIN, Edith. *Ser finito e ser eterno*. Rio de Janeiro: Forense, 2018.

STEIN, Edith. *Sobre el concepto de empatia*. Madrid: Trotta, 2016.

SYED, Matthew. Why we should embrace being average. *BBC Radio 4*, 9 jan. 2024. Disponível em: www.bbc.co.uk/programmes/articles/2T3H8CZHJYjqmkQQP3Jt54N/why-we-should-embrace-being-average. Acesso em: 24 jan. 2025.

WEIL, Simone. *Aulas de filosofia*. Campinas: Papirus, 1995.

WEIL, Simone. *Espera de Deus*. Petrópolis: Vozes, 2018.

Este livro foi composto na tipografia Perpetua Std,
em corpo 13/16,5, e impresso em
papel off-white no Sistema Cameron da
Divisão Gráfica da Distribuidora Record.